民族分断と観光

金剛山観光から見る
韓国・北朝鮮関係

李良姫 *Yanghee Lee*

溪水社

［カバー・扉写真］
金剛山：著者撮影

目　次

序　章　民族分断と観光人類学
　1．はじめに ……………………………………………………………… 3
　2．本書の構成 ………………………………………………………… 10

第 1 章　高麗から朝鮮王朝までの金剛山観光
　1．金剛山の歴史的位置付け ………………………………………… 13
　2．高麗末期から朝鮮王朝における金剛山観光 ………………… 18
　3．イザベラ・バード・ビショップの金剛山観光 ……………………27
　4．景勝地としての金剛山イメージの形成 ………………………… 32

第 2 章　日本植民地と金剛山観光開発
　1．鉄道と金剛山観光開発 ……………………………………………34
　2．観光施設の整備 ……………………………………………………43
　3．金剛山紀行文 ………………………………………………………48
　4．植民地統治政策としての観光 ……………………………………60

第 3 章　北朝鮮における金剛山観光
　1．体制維持と観光政策 ………………………………………………75
　2．北朝鮮における金剛山観光の意義 ……………………………83
　3．韓国の対北朝鮮政策と金剛山観光 ……………………………88
　4．現代グループと北朝鮮 ……………………………………………94

第 4 章　金剛山観光の観光類型
　1．金剛山観光にに関わる諸条件 ……………………………………98
　2．現代グループの金剛山観光施設と運営 ……………………… 108
　3．韓国人観光客にとっての金剛山観光の意味 ………………… 119

第 5 章　軍事境界線と観光
　1. 金剛山の陸路観光 ……………………………………………… 129
　2. 観光客の北朝鮮に対するイメージの変化 …………………… 135
　3. 陸路観光の意義 ………………………………………………… 143

第 6 章　民族分断と安保観光
　1. 観光商品としての安保観光 …………………………………… 147
　2. 教育の場としての観光 ………………………………………… 152
　3. 教育の場から観光化へ ………………………………………… 161

結　章　観光人類学的側面から見る民族分断と金剛山観光
　1. 観光類型の特異性 ……………………………………………… 174
　2. ホストとゲスト論から見る金剛山観光 ……………………… 177
　3. 金剛山観光における植民地記憶 ……………………………… 182
　4. 政治戦略としての金剛山観光 ………………………………… 186
　5. 安保と統一の両面性 …………………………………………… 188

引用・参考文献一覧………………………………………………… 199
あとがき ……………………………………………………………… 209
索引…………………………………………………………………… 213

民族分断と観光
金剛山観光から見る韓国と北朝鮮関係

序　章

民族分断と観光人類学

1. はじめに

　北朝鮮の核開発やミサイル発射事件など朝鮮半島をめぐる情勢はなお緊張関係が続いている。韓国人にとって北朝鮮は同じ民族であり、敵でもある。本書で取り上げている金剛山は、1945年8月15日第二次世界大戦の終結と、1953年7月27日の朝鮮戦争休戦により北朝鮮側に属することになった。金剛山は、朝鮮民族にとって最も誇るべき名山であり、古くは高麗時代から李氏朝鮮時代に至るまで景勝地として、「探訪」、「見物」、「物見」の地として、数多くの詩や紀行文などでその絶景が賞賛されてきた。さらに、日本植民地時代には近代的な意味での観光インフラが整備され、李氏朝鮮時代まではごく限られた人にしかできなかった金剛山観光が、一般の人々にまで広がるなど観光化が著しく促進された。このように金剛山観光は、単に韓国と北朝鮮の問題のみならず日本とも歴史的に深い関わりを持っている。
　戦後、北朝鮮は金剛山を国の内外に観光地として開放していたが、南北双方敵対関係にある韓国人は金剛山を観光することができなかった。しかし、北朝鮮が韓国の要請を受け入れ、1998年から韓国人も北朝鮮領土内にある金剛山を観光できるようになった。それは韓国人観光客が北朝鮮兵士の銃撃により死亡した2008年まで継続された。金剛山観光は、特殊な政治的脈絡で行われた背景があるとしても、南北朝鮮関係における大きな変化であったことは確かである。韓国人観光客が金剛山を観光すること

は、単に観光地を観光すること以上に、歴史的・政治的・社会的に大きな意味を持った。なぜ、北朝鮮は金剛山を韓国人対象の最初の観光地として開放したのか。また、韓国はなぜ金剛山を最初の観光開放地として求めたのかという疑問が生じる。この疑問を解くには、朝鮮民族にとって特別な歴史的背景が金剛山観光に存在していることに注目する必要がある。

　韓国政府は、金剛山が観光開放される以前から北朝鮮との境界地である「非武装地帯周辺への観光」、北朝鮮が韓国へ侵入するために掘ったとされる「地下トンネル体験ツアー」、北朝鮮が遠望できる「統一展望台」などを観光地として開発してきた。このツアーは外国人観光客のみではなく、韓国人も対象に含まれており、韓国政府、軍、地方自治体により積極的に推進されている。しかし、これらの観光は韓国人にとっては北朝鮮を間接的に体験するものであり、直接的に体験できるものではない。これに対し、北朝鮮を直接的に体験可能にさせたのが金剛山観光と開城観光であった。

　北朝鮮の金剛山観光と韓国内の非武装地帯観光等は、景色や文化遺産を観賞するような観光とは異なる。分断国家として「統一」と「安保」、「和解」と「敵対」など政治的な意味が大きく存在している。金剛山観光は朝鮮戦争後の民族分断による敵対関係が続いている中で、韓国と北朝鮮を繋ぐ役割を果たしていたといえる。朝鮮戦争[1]以来の軍事境界線[2]をめぐって生じる問題、つまり統一の課題は、朝鮮民族にとって、いつかは克服しなければならない最大の歴史的課題であり、韓国は常に北朝鮮を意識せざるを得ない。この課題を克服するために韓国政府は、統一と安保という両面的な政策を行っている。このような政治状況の中で、現在は中断されているが、金剛山が観光地として開放されていた意味は大きい。

---

[1] 朝鮮戦争は、韓国では、「韓国動乱」、「6・25戦争」という表現をしていたが、最近は「韓国戦争」という用語が定着している。本書では、日本で一般的に使われている「朝鮮戦争」を使用する。

[2] 韓国では、「軍事分界線」という用語を使用しているが、日本では「軍事境界線」を一般的に使用しているため、本書では「軍事境界線」を用いる。

韓国人にとって「統一」とは、朝鮮半島における民族の分断、国家の分裂の悲劇を思い起こさせる言葉として概念化されたものであるといえる。二つに分断された民族、国家が一つになること、つまり北朝鮮と一つになることが統一であることには変わりがないものの、統一に対する方法論及びその概念は、国家統治や朝鮮半島をめぐる情勢によって微妙に変化してきた。「朝鮮戦争直後、李承晩大統領は当時北朝鮮の南侵により深刻な被害を受けた国民情緒を考え"武力北進統一"を主張したこともあった」（統一部、2003：1）。つまり、当時の統一とは、国民統合のイデオロギー的な手段として、共産主義の危険性に対抗して構成された概念であった。

その後 1961 年に軍事革命によって政権を掌握し、1963 年に第 5 代大韓民国大統領に就任した朴正熙政権では、統一よりも韓国の経済的近代化を成し遂げることに主力を注ぐという「先建設・後統一」のスローガンを掲げた。その後、1970 年代の韓国の経済成長や東西冷戦の変化などにより、南北赤十字を通し、分断後初めて南北会談が開催されることになるなど韓国の統一政策にも世界情勢や南北朝鮮関係における情勢による変化が見られた。さらに、1980 年代の全斗換政権と盧太愚政権では和解と協力を伴った統一政策へと変化していった。1982 年には韓国の雪岳山と北朝鮮の金剛山を連携した観光の提案が韓国側により分断後初めて提示される。その後、1993 年からの金泳三政権は南北首脳会談を要請し、北朝鮮の同意を得るなど[3]積極的に和解政策を取っていた。1998 年からの金大中政権では「統一を急ぐよりは、まず朝鮮半島の冷戦的な対決構造を和解と協力の構造に転換する」（統一部、2003：8）とし、「先交流、後統一」とした統一概念に変化したのである。このように、世界情勢や南北朝鮮関係における情勢によって統一政策は変化してきた。

一方、安保とは、韓国では北朝鮮と対峙する状況にあることから、国家が国民に対して、北朝鮮に対する安全保障的の危機感の醸成を促すための各種政策である。和解や協力ムードが社会に広がる状況の中でも常に安保は

---

[3] 金日成の突然の死亡により実現できなかった。

重要である。韓国にとって北朝鮮は最も警戒すべき相手であるとともに、民族統一を念願する対象でもある。従って、韓国政府の政策は常に和解と協力の「統一政策」と、北朝鮮に対する敵対意識、警戒意識をもった「安保政策」を併用しているのである。何故ならば今もなお北朝鮮の脅威は続いているからである。北朝鮮の核開発問題、北朝鮮工作員の侵入、海上や陸上での交戦などの事件がしばしば起こっている情勢のなかで韓国政府は、常に統一と安保を併用した政策を取らざるを得ないのである。

「観光客の観光活動は、発地国あるいは発地域経済とその目的国や地域になんらかの経済的影響を及ぼす。その影響・効果は、すべて観光客の支出によってひきおこされるのである」（小沢、1994：195）と述べているように、観光客が支払う旅行費用や観光地での消費が経済的効果を生み、観光を主催する側は経済効果を得ることを観光事業の目的としていることが多い。しかし、観光開発は経済的側面もさることながら、近現代においては国家権力と結びついて行われてきたという傾向が強い。代表的な例としては、オランダ植民地下のバリ島における観光開発（永渕、1996：35-43）、軍事政権下におけるミャンマーの観光開放（高谷、1999）などが挙げられる。これらは、国家権力が観光を国家政策の一環として利用してきた例である。金剛山観光ももちろん例外ではない。日本植民地当時の朝鮮においては植民地統治政策として金剛山が観光開発され、南北分断後は政治的な戦略の一環として金剛山観光事業が再開され、利用されていたのである。韓国政府の積極的な主導によって実施されている非武装地帯周辺観光や金剛山観光は、経済的効果に加え、分断状況の中の韓国においては政治的な啓蒙という面からも重要な役割を果たしているといえる。本書では、金剛山観光に加え、非武装地帯周辺を訪れる韓国人観光客の意識や非武装地帯周辺観光を積極的に推進する韓国政府の意図について分析した。

橋本は、「観光を「異郷において、よく知られているものを、ほんの少し、一時的な楽しみとして、売買すること」であり、そしてこの「一時的な楽しみ」を、「未来の文脈から切り離され、集められて、新たな『観光文化』を形成する」ものとまず定義しようと考える」（橋本、1999：12）と

述べている。また「観光者は「日常世界から離れ」、多少とも「危険」と直面し、その経験の中で他者と親密な関係を結び、自我の境界を緩めていくことができる。そこでは人々との間での自発的総合作用が促進され、「友情とくつろぎ」（V．ターナーの「コミュニタス」状況）が味わわれる。旅行中に生起するさまざまな問題に十分に対処できる能力を持っている場合は、「危険な運」を楽しむことができる。また、その経験と量は、旅行中のみならず、帰宅後の日常生活において、彼または彼女の仲間に対する競争意識を満足させる」（橋本、1999：30）と述べている。金剛山観光ではこの観光の楽しみがどのように作用していたのかについて考察を行う。

　本書は、人間について総合的に研究する観光人類学的手法を用いて、民族分断状況と観光現象について研究を行った。観光現象を社会的な脈絡から考察する（太田、1996：209）観光人類学においては、観光と開発問題、観光と環境、観光とメディア、観光と民族、観光と性、ホストとゲストをめぐる問題など、様々な分野での研究が蓄積されている。その中でも、特殊な観光形態を持つ地域に関する研究として、ミャンマーやキューバ、ブータンのような閉鎖された地域での研究などがある。北朝鮮側から見る金剛山観光は、これらの地域と同様に独裁や閉鎖された状況の中で経済効果を得ることを目的としているという点においては、類似した観光形態であると考えられる。しかし上記のような地域での観光研究は、観光客を受け入れる側（ホスト）を視野に入れた研究が主であり、観光客を送り出す側の視点からの研究はあまりなされていない。それは、ホストとゲストが密接で特殊な関係ではないため、送り出す側の意義や視点はそれほど重要ではないとされるからである。しかし金剛山観光においては、共有する歴史や同じ民族であることなどホストとゲストが大変密接な関係にあるため、ゲストや送り出す側にも注目した研究が必要である。ブーアスティンは、観光客が旅行する理由を「旅行の最も古くからある動機の一つは、なんらかの選択の余地がある場合には、未知のものを見ることであった。どこか他の場所へ行きたいという人間の癒しがたい欲求は、人間の救いがたい楽観と飽くことのない好奇心との証拠である。われわれは、他所では様

子が違うことを必ず期待している」(ブーアスティン・星野・後藤訳、1964：90)としている。金剛山を訪れる韓国人観光客は50年間も訪れることができなかった、現在では未知の世界となっている北朝鮮に対する好奇心からの観光現象であると理解する。山下は、観光人類学の課題を「観光客は何を求めて旅をしているのか。ホストとゲスト社会はどのように対応しているのか。ホストとゲストのコンタクト・ゾーンで何が起こっているのか。コンタクトの結果、なにが生じるのか」(山下、1999：10)を考察することであると述べている。このようなことを踏まえた上で本書では、ホストとゲスト論から見る議論をすすめていきたい。

民族の分断という特殊な関係性を有する朝鮮半島において存在する観光現象を、観光客を送り出す側つまり韓国政府のみではなく、韓国人観光客をも視野に入れた研究を行うことは、地域においても観光形態においても特殊であるという両側面に視点をおくことで従来の研究の空白を埋めることができると思われる。また、観光人類学研究分野から脱落している部分を補うことで観光人類学研究にも貢献できることを期待する。

金剛山観光を人類学的に研究する際に、注目しておかなければならないことは日本植民地時代に金剛山が観光開発されたという点である。山下は、インドネシアのバリ島の例をあげ「20世紀におけるバリの文化生成は、オランダ植民地時代においても、また1942年から45年の日本時代を経たあとのインドネシアの独立、そして国民国家の形成という歴史のなかでも、観光という枠組なしには論じることができない」(山下、1999：11)と述べている。金剛山観光においても金剛山が日本植民地時代に観光開発され、日本植民地時代の観光政策が戦後の韓国政府の観光政策に影響を与えたこと、金剛山が分断後の南北朝鮮の最初の観光開放地に選定された要因になったことなど、日本植民地と金剛山観光は深い係わりを持っているといえる。そのため本研究では、日本植民地時代の観光開発の過程を把握した上で韓国における戦後の観光にどのような影響を与えていたかに注目しておきたい。

以上のような金剛山観光における観光人類学の学問的な位置付けの上

序　章　民族分断と観光人類学

に、本書では、歴史的に形成された金剛山のイメージを検討し、そのイメージが金剛山を訪れる韓国人観光客にどのように引き継がれていたのか。その一方で、分断状況の中で形成された金剛山に対するイメージや北朝鮮に対するイメージが、金剛山を訪れることによってどのように変化したのか。また、金剛山観光に対する韓国政府の意図と金剛山を訪れる観光客の意識にはどのようなズレがあるのか。そしてそのズレはなぜ起こるのかを分析する。

　1998年に金剛山観光が実施されてから現在に至るまで南北朝鮮関係では様々なできごとがあった。2007年には、それまでは外金剛と海金剛に限られていたのが、内金剛山観光までに拡大されたことに加え、北朝鮮領土に位置する開城観光が実施された。また、2000年の金大中大統領と金正日国防委員長との南北首脳会談に続き、盧武鉉大統領と金正日国防委員長との南北首脳会談が2007年に行われるなど、南北関係において核問題やミサイル発射事件がありながらも和解ムードが続いていた。しかし、2008年7月に起きた金剛山での北朝鮮兵士による韓国人観光客の銃撃死亡事件以後は金剛山観光と開城観光は中断されることになった。その後も南北関係は和解と対立が繰り返され、2017年現在も、南北和解の象徴でもあった金剛山観光および開城観光は再開の目途が立たないままになっている。むろん、再開が期待される事態も何回かあった。近年では、2015年8月5日から8日まで、包容政策[4]の提唱者でもある故金大中元大統領（1925～2009）夫人である李姫鎬氏が北朝鮮を訪問したことで何らかの和解ムードが生じるのではないかと再開が期待されたが、成果はなかった。筆者は金剛山観光あるいは開城観光が再開されたら本書を刊行しようと期していたのだが、再開の期待が大きく遠のき、もう猶予がないことから刊行に踏み切るに至った。

　筆者は、2002年3月17日から19日まで、海路での金剛山観光を観察するために観光客として参加し、可能な限り観察とインタビューを行っ

---

[4] 太陽政策とも言い、イソップ童話の『北風と太陽』から連想した政策。

た。また、2003年9月21日から23日までは、金剛山陸路観光に参加し、2002年の海路での金剛山観光同様、観察とインタビューを行った。さらに、2005年10月22日から10月25日までは平壌・妙香山を、2007年12月14日には開城を訪れた。加えて、朝鮮戦争後に作られた南北分断状況を利用した観光地の観光実態及びそれらの観光地を訪れる観光客がこの観光をどのように受け止めているかについて調査するため2002年6月25日から27日までと、2003年8月21日から28日まで韓国非武装地帯周辺において、観光実態調査及び観光客にインタビューを行った。韓国非武装地帯周辺での観光実態調査は、2017年に至るまでほぼ毎年実施している。こうした筆者が行ってきた現地調査を踏まえた上で、金剛山観光現象の背後にある歴史的・社会的脈絡を把握しながら、分断国家における金剛山観光の特徴を明らかにする。

2. 本書の構成

本書の構成は以下の通りである。
第1章「高麗から朝鮮王朝までの金剛山観光」では、歴史的な記録誌や紀行文を通して、高麗時代から李氏朝鮮時代までの金剛山に対するイメージがどのようなものであったのか、そして金剛山がどのように語られてきたかについて考察した。その上で、外からの視点として、1894年に金剛山を旅行し記録を残した、イギリスの地理学者であるイザベラ・バード・ビショップ（ビショップ）の『朝鮮奥地紀行』（ビショップ・朴訳、1993）を分析し、当時の外国人の視点から見た金剛山のイメージはどのようなものであったかについて考察した。
第2章「日本植民地と金剛山観光開発」では、すでに優れた景勝地としてのイメージが形成され、遊覧地として確立されていた金剛山を、朝鮮総督府を中心とした日本植民地政府がどのように観光化していったのか、またその目的は何であったのかについて分析した。
第3章「北朝鮮における金剛山観光」では、金剛山観光開放をめぐる北

朝鮮・韓国政府・現代グループ[5]のそれぞれの意図について考察した。

第4章「金剛山観光の観光類型」では、筆者が、2002年3月に行われた海路での金剛山観光ツアーに参加し、調査した結果を基に、金剛山観光がどのように行われているかについて提示した。また、観光客の観光動機や観光後の金剛山に対するイメージの変化及び北朝鮮に対するイメージの変化について、インタビュー結果を中心に分析した。

第5章「軍事境界線と観光」では、2003年9月の陸路での金剛山観光ツアーに参加し、調査した結果を中心に、分断状況の中で軍事境界線を越える観光の意味について考察した。

第6章「民族分断と安保観光」では、南北朝鮮の分断状況を利用した安保観光の実態を調査した結果を中心に、韓国政府の政策によって作られた安保観光を観光客はどのように受け止めているのかについて分析した。また、安保と統一の両面的なことが、非武装地帯観光や金剛山観光には存在することを指摘しつつ、それがなぜ生じるかについて分析した。

結章では「観光人類学的側面から見る民族分断と金剛山観光」では、分断国家である南北朝鮮を繋ぐ役割を果たしていた金剛山観光が持つ特徴を明らかにした。

橋本は、観光現象を「権力」という視点から分析を加え、観光のあらゆる場面に「権力」の陰を探り当てた江口の論理に対して（江口、1998）、「権力」が「観光」の場面以上に現れるのは、政治・経済の領域であるとし、権力と観光の関係は「観光」固有の問題ではないと主張している（橋本、1999：114）。また、観光研究者には、政治・経済的状況が観光の場面にも反映されているにすぎないのだという「距離感」こそが重要であると示している（橋本、1999：114）。本書で筆者は、金剛山観光および非武装地帯観光におけるあらゆる場面に国家権力の陰を探り当ててきた。その

---

[5] 金剛山観光を実施していた韓国の大手財閥。金剛山観光を主管していたのは、現代グループに属する1会社の「現代峨山」である。本書では、グループ全体を示す場合は現代グループ、金剛山観光を主催していた主体を示す場合は現代峨山とする。

上、分断国家としての南北朝鮮の特徴である「統一」と「安保」が両立していることを観光を通して探ろうとした。確かに、国家権力と観光、観光現象に表れる統一と安保は、橋本の言うように観光現象のみで表われる問題ではなく、韓国の政治的・社会的側面においてより多く見られるかも知れない。しかし、民族分断状況の中で実施されている諸観光を通して、現代の韓国が抱える政治的・社会的状況をよりはっきり見い出せたことに本書の意義をおきたい。

第1章

高麗から朝鮮王朝までの金剛山観光

1. 金剛山の歴史的位置付け

　金剛山において近代的な意味での観光形態が導入されたのは、日本による植民地支配以降であるが、それ以前から、金剛山は遊覧地として広く知られていた。本章では、日本植民地以前の金剛山の歴史的な背景を考察する。まず、古くからの記録書などを検討し、金剛山が歴史的にどのような山であったかについて考察を行う。その上、高麗時代から李氏朝鮮における金剛山紀行文を取り上げ、金剛山について抱いていた人々のイメージを分析する。当時、書かれた紀行文や記録史を基に、金剛山を訪れる人々にとって金剛山のイメージはどのようなものであり、どのように語られたかについて分析を行う。本章で扱う紀行文及び記録文は朝鮮人によるものだが、外からの視点としてイギリス人であるビショップの紀行文を取り上げた。地理学者であった彼女の視点を通して、当時の外国人の金剛山に対するイメージを考察する。本章で、日本植民地時代以前の金剛山のイメージを考察する目的は、金剛山が日本植民地時代に観光開発され、分断後の南北朝鮮における最初の観光開放地になった要因を探るためである。さらに、古くから形成された金剛山のイメージが現在金剛山を訪れる韓国人観光客にどのように引き継がれているのかを検討する際に参考になると思われるからである。

　金剛山という名称はどこからきたものだろうか。金剛山という名前は仏教に因んだものであると考えられる。4世紀に書かれたとされる、仏教の

華嚴宗の経典である『大方廣佛華嚴経』の「諸菩薩住処品」には以下のように記録されている。

　海中有處 名金剛山 從昔已来 諸菩薩衆 於中止住 現有菩薩 名曰法起 與其眷屬諸菩薩衆 千二百人倶 常在其中 而演説法

　訳：海の中に金剛山があるが、そこには昔から諸菩薩がおり、現在では法起菩薩が1200人の菩薩と共に説法をしている[6]。(현 [ヒョンソク]、2001：209)

　また、日本植民地時期に金剛山を旅行し『朝鮮金剛山探勝記』を書いた菊池は、金剛山の由来について「金剛の名は華厳経から出たので、極めて古い出所があると称せられる。即ち、華厳経の東北海中に金剛山があり、一万二千峰、曇無竭菩薩常に其中に住する、とあるのがそれであり唐の清涼国師は帝王に疎して世界に八金剛あり、中金剛は海中に隠れ、金剛は海東朝鮮に出現すと説いたとあり、三蔵経中にも八萬由旬、一万二千峰、曇無竭常に其間に住すと金剛山を説いている。従って、朝鮮金剛山の名は古くから支那にも知られ、三韓時代にも彼方からの巡禮者が跡を絶たなかったらしい」(菊池、1918：21) としている。このことから「金剛山」という名称は、華嚴経の言葉からきており、従って仏教に由来していることが分かる。金剛山一万二千峰という形容の由来も、この経典の中に由来していることが確認されたのである。

　一方、歴史的な文献に徴すると、最も古い金剛山に関する記録は1145年高麗王朝で編纂された『三国史記』の[7]記述である。ここには、金剛山は「皆骨山」と記録されている。この名称は、冬の金剛山を表すもの

---

[6] 韓国語で書かれているものは筆者が日本語に訳した。以後の訳文においても同様である。

[7] 三国史記は、1145年金富軾が高麗仁宗王の命令により編纂。内容は、新羅、統一新羅、百済、高句麗時代の政治、天災事変、戦争、外交などが記録されている。

第 1 章　高麗から朝鮮王朝までの金剛山観光

で、冬になると葉が全て落ち、山の木々が骨のようになると言うことからこう呼ばれていた。金剛山は季節によってそれぞれの名称があった。春は「金剛山」、夏は「蓬萊山」、秋は、「楓嶽山」と呼ばれていたのである。このように三国史記には、金剛山という名称ではなく冬の名称である「皆骨山」と新羅の最後の王子のことが書かれている。

　自然の素晴らしさや名勝地としてその名が中国にまで知られていたと記録されている。このことから金剛山は高麗時代からその名声が確立されていたことが分かる。また、高麗史には、高麗時代の最後の王が、「昔、我が太祖[8]が四仲の年を迎えると、三蘇に巡駐したので、私も将来、平壌と金剛山に行き、忠州に泊まりたい」（한국학데이타베이스연구소［韓国学データベース研究所］、1997：41）と書いている。このことから、王までもが行幸[9]を望むほど金剛山が素晴らしい景勝地であったことがうかがえる。

　高麗時代からすでに金剛山を遊覧して書かれた紀行詩や紀行文があった。高麗 1330 年に書かれた安軸の「関東瓦注」（안저・노역［安著・ノキュホ訳］、1996：39）には「金剛山」と題した詩がある。また、1349 年に李穀により書かれた最初の紀行文［東遊記］（이곡저・노역［李穀著・ノキュホ訳］、1996：79-96）には金剛山という名称が使われている。このことから、金剛山という名称は高麗時代にはほぼ定着していたことが分かる。また、この時代から金剛山遊覧後には紀行文や詩を残していたことが分かる。

　1530 年に完成した李氏朝鮮の人文地理書である『新増東国輿地勝覧』には金剛山の名称について「金剛山は長楊縣の東 30 里で、府からの距離は 167 里である。金剛、皆骨、涅槃、楓嶽、怳恒の五つの名称がある」（유편집［ユ編集］、1998：153）と記されている。紅葉が綺麗になる秋には「楓嶽」、木の葉が枯れ落ちる冬には「皆骨」の名称が使われており、「涅槃」、「怳恒」などは仏教からの由来である。17 世紀になると蓬来（蓬

---

[8] 高麗時代の第 1 代王。
[9] 王が外出すること。

キク科の多年草）は夏、金剛は春の金剛山の名称として、一般的に使われるようになり、他の名称は使われなくなった」（사회과학원 력사연구소편［社会科学院歴史研究所編］、1984：61）と、述べている。李氏朝鮮中期から後期に至っては紀行文では金剛山という表現が一般的に使われ、紀行詩では金剛山、蓬来山という二通りの表現が見られる。その後、日本植民地時代から現在に至っては、探勝案内書や紀行文などには全て金剛山のみが使われるようになって、それ以外は過去の名称として紹介されている。

　『朝鮮王朝実録』[10] には金剛山の記述が頻繁に表れる。まず、李氏朝鮮初代王であった太祖王や第7代王である世祖王が金剛山に行ったことが記録されている。特に世祖王は、甥である幼い王を殺し王位を奪った王で、殺された甥の前王の呪いで皮膚病にかかり、温泉治療に行ったという内容のドラマが、韓国国営テレビ KBS TV の大河ドラマで「王と妃」というタイトルで放送されたことがある。このドラマは韓国人が金剛山に観光できるようになった翌年の1999年に放映された。ドラマでは金剛山にある温泉という表現はしていない。ただ、温泉が皮膚病の治療に効果があるので、金剛山がある「高城」という地域に王と王妃が行くことになったという台詞が王妃やその他の登場人物から度々出るだけである。また実際、王が温泉に入る場面はなく、「王と王妃が江原道の高城の湯井に出かけた。高城で温泉浴をし、金剛山の長安寺と表訓寺に詣でて、布施をするために上院寺へ向かった」と、解説者により解説があっただけである。しかし、金剛山観光が焦点になった時期でもあり、テレビを見ていた人は「高城湯井」が金剛山温泉であると理解したであろう。この、世祖王の温泉と寺院

---

[10] 朝鮮王朝実録は、朝鮮王朝の初代王の太祖王（1392年）から第25代王の哲宗王（1863年）までの472年間の歴史的事実を各王別に記録した史書で実録である。前の王が亡くなり次の王が即位した初期に編纂されるもので、国家の祭礼や使者接待の主要行事がある時、その前例を参考にする目的で内容の一部を確認する場合を除いては、誰の閲覧も不可能だった。主な内容は、前王及び臣下の業績と政策の得失を記録したもので、朝鮮王朝における政治、経済、社会、文化など全般が記録されていて朝鮮社会を理解するための基本的な史料である。

第 1 章　高麗から朝鮮王朝までの金剛山観光

詣の話は実際に朝鮮王朝実録の世祖王の部分に記録されている。世祖王12 年、つまり 1466 年に「大駕[11]が金剛山洞口に停まった」（한국학데이타베이스연구소［韓国学データベース研究所］、1997：38）という記録などがある。この世祖王の金剛山巡幸の部分は、いつ誰によって書かれたかは不詳であるが「世祖東巡録」（작자미상・노역［著者不明・ノキュホ訳］、1996：96-138）が刊行されており、世祖王の金剛山行きの様子が詳しく書かれている。韓国には、温泉の数も少なく、湯治の記録もあまり残っていないが、金剛山は李氏朝鮮において湯治の場であったことがうかがえる。

　金剛山をめぐる日本との外交関係を最初に示した資料としては上記の、「世祖東巡録」に記録されている手紙が挙げられる。対馬からやって来た使者に託したその手紙は、李氏朝鮮の第 7 代目の王である世祖が日本の国王に向けて書いたものである。この内容は、金剛山の広大さ、美しさ、神秘性を高らかに詠っており、日本人に金剛山への憧れを抱かせるに充分であったと思われる。朝鮮王朝実録には、第 9 代王の「成宗王」の時に「対馬州の太守の宗貞国が、特別に仰之という僧侶を通し、お土産を贈ってきた。その手紙には、"私は前から金剛山のお寺に参拝することを願っていました。しかし、私は仕事があり貴国に行けないので、代わりに仰之という特使が、金剛山のお寺にお線香を上げることをお許し願います"と書いてあった」（한국학데이타베이스연구소［韓国学データベース研究所］、1997）[12]という記録がある。最終的には、李王朝は軍事的な理由によって仰之の金剛山遊覧を断ることになるが、日本人にとっても、金剛山は訪れてみたい山であったことがうかがえる。

　中国との関係では、明の使者が金剛山の絵を要請したのでそれに従った内容や、中国の使者が金剛山を遊覧する際、便宜を図ったという内容などがある。明の使者は朝鮮に来ると必ず金剛山を遊覧することなどが書かれている。また、『新増東国輿地勝覧』には、中国の元の妃が、金剛山の長

---

[11] 王が乗る駕籠。
[12] 朝鮮王朝実録成宗 16 年。

17

安寺と表訓寺に布施をした（유편역［ユホンジュン編］、1998：164-167）という記録がある。これらのことから、金剛山は日本や中国にも朝鮮王朝時代からその評価が高かったことが分かる。

2. 高麗末期から朝鮮王朝における金剛山観光

2-1. 高麗末期[13]の金剛山紀行文［東遊記］（이곡저・노역［李穀著・ノキュホ訳］、1996：79-96）

　李穀の「東遊記」は、高麗末頃の1349年8月14日から9月21日まで金剛山を中心に朝鮮の東海岸地方の名勝地を遊覧し書かれた紀行文で、現在残っている金剛山の紀行文の中で最も古いものである。当時の都で、現在の北朝鮮の開城に当たる松都を8月14日に出発し、8月21日に金剛山の近くの村に着き9月4日までの13日間金剛山を遊覧した。この紀行文には、年代とその日程が明記されており、近代の紀行文と同じ形式をとっている。紀行文には「金剛山を遊覧するために」（이곡저・노역［李穀著・ノキュホ訳］、1996：339）とのみ書かれており、遊覧動機を察することはできなかった。出生年度と金剛山遊覧年度から考えると、彼が金剛山を遊覧したのは51歳の時であった。当時、李穀は自分が推していた人が、王の座につくことができなかったため、政治への意欲を失っていた。その時期に、彼は金剛山遊覧をしたようである。

　　至正九年巳丑之秋。将遊金剛山。十四日。發松都。二十日。踰天磨嶺宿山下長陽縣。去山三十余里。

　　訳：至正9年の秋に金剛山を遊覧するために松都を14日に出発した。20日に天磨嶺を越え、山の下の長陽縣で泊まった。山との距離は30余里である。（이곡저・노역［李穀著・ノキュホ訳］、1996：339）

---

[13] 李氏朝鮮誕生前の1300年代。

第1章　高麗から朝鮮王朝までの金剛山観光

　この紀行文には、出発日、距離、宿泊場所などが詳しく書かれている。

　　天朗気晴。山明如刮。所謂一万二千峯。歴歴可数也。

　　訳：空は明るく、天気が良くなり、山がはっきり見え、刀で削ったような、いわゆる一万二千峰がはっきりと数えることができる。(이곡저・노역［李穀著・ノキュホ訳］、1996：339)

　他の文章にはほとんどが事実に基づいて書かれているが、「一万二千峰」という記述は過大表現である。すでに高麗時代から「一万二千峰」という表現が使われていたことが分かる。現在も、この「一万二千峰」は、金剛山を象徴するものとして引き続き使われているが、これは事実というよりも、「金剛山」を形容した経典の文句をそのまま受け継いだ表現であり、実際の数を表わすものではない。
　この時期から官吏や貴族が旅行する際は、旅行地域の役場が世話役を担っていたようで、李穀も郡の役場に泊まり、郡守の接待を受けていることが記録されている。官職から離れていて無職であっても、かつての地位や名声があるため現職の官吏と同じ接待を受けていた。
　「馬が病気になり休憩をとった」という記録から、当時は馬に乗って旅行していたことが分かる。高麗から李氏朝鮮初期までは馬に乗って遊覧した記録はあるが、駕籠に乗って遊覧したとは書かれていないことから、駕籠は李氏朝鮮中期以降使われるようになったと思われる。彼の紀行文の中に、「村の人は遊覧客が多いことを嫌い、休憩所を燃やしてしまった」(이곡저・노역［李穀著・ノキュホ訳］、1996：327) ということと、「石壁に書いてある文字が読めなくなった理由は、昔、村の民衆が遊覧客にこの石壁の文字を写本してあげることが面倒で削ってしまった」(이곡저・노역［李穀著・ノキュホ訳］、1996：328) という記述があることから、遊覧地域の人々は必ずしも遊覧客を歓迎していなかったことが分かる。金剛山の周辺で生

活していた生活者と旅行者の関係はあまり良くなかったようである。上流社会の人々が金剛山を遊覧したことから考えると、周辺の一般庶民は彼らのために接待や道の整備などの労働を強いられたことも考えられる。詩には不満を持った庶民の心を詠った詩もあった。安軸[14]が詠った「関東瓦注」[15]の「金剛山」には、「骨だけ残っている峰は矢や刀のように鋭く、僧侶はぽうっとしており、山の下の民草は貴人の往来を見ながら眉間にしわをよせている」(안저・정우영편역［安軸著、チョンウヨン編］、1998：200) と記している。生活に苦しんでいる金剛山周辺の人々には、のんびり遊覧を楽しんでいる貴族をあまり歓迎してはいなかったようだ。『新増東国輿地勝覧』には、「山の周辺に住んでいる村人は、接待することに疲れ、怒り、なぜ山は我々の村にあるのかという人まで出てきた」(유편역［ユホンジュン編］、1998：155) と記録されており、金剛山周辺の人々がいかに官吏や貴族達の遊覧客を迎えることに疲れていたかが分かる。

　金剛山の景色について李穀は、どんなに美しい山であっても、実際見てみると失望するものであるが、「金剛山は、想像したものより素晴らしいものであり、どんなに優れた画家や詩人であっても、この素晴らしさは到底表現できないだろう」(이곡저・노역［李穀著・ノキュホ訳］、1996：83) と述べており、海金剛に対して「この怪奇で、奇勝な景色は、詩や文章では到底、書けない」(이곡저・노역［李穀著・ノキュホ訳］、1996：86) と、金剛山の素晴らしい景色を称えている。

2-2. 李氏朝鮮の初期[16]の金剛山紀行文

　李氏朝鮮初期の主な紀行文として「遊金剛山記」(남저・노역［南著・ノキュホ訳］、1996：286-23) をあげることができる。1485 年に南孝温により

---

[14] 1282 年生まれ 1348 年没、高麗後期の学者。
[15] 安軸により書かれた詩で、韓国の関東地方に赴任していた時の民衆の苦しい生活を詠った詩文。
[16] 李氏朝鮮統治 500 年を初期、中期、末期に分けた場合の約 2 世紀、つまり 1300 年代から 1400 年代までのことを示す。

書かれたこの紀行文は、彼が政治抗争により官職を追われ、失意に陥っていた時に書いたものである。

「32歳で金剛山を遊覧し、亡くなるまでの間、開城[17]、嶺南[18]、関西[19]、などを遊覧し多くの遊覧記を残している」（남저・노역［南孝温著、ノキュホ訳］、1996：286）と言われていることから、当時、高齢に達してから金剛山遊覧に行く人が多かったことに対し、彼は32歳という若さで金剛山を遊覧していたことが分かる。道学者であった彼は、金剛山という名称に対して批判をしている。「釈迦はインドの王子なのに、中国の東の国に金剛山があるということがどうして分かるだろうか、朝鮮の位置さえ分からなかっただろう。金剛山という名称は、新羅の僧侶たちが仏教を広める為に創り出したものである」（남저・노역［南孝温著・ノキュホ訳］、1996：149）と述べている。彼がこのような指摘をするのは、道学者として、金剛山という仏教に由来する名称を受け入れる事ができなかったためであると考えられる。しかし、金剛山という名称が、長い間人々の間で使用され、浸透してきたものであるから、彼も金剛山という名称を使用することにするとしている。紀行文を多くの人に読んでもらう為に、新たな表現を使うことをあえてしなかったのだろう。彼は紀行文の中で、金剛山の峰は36で、小さい峰を合せると一万三千峰にもなると表現しているが、ここでも、華厳経に由来した一万二千峰という表現に対する反発の意を表していると考えられる。彼の仏教に対する批判的な見方は、紀行文中に金剛山の僧侶の描写にも現れている。金剛山のある庵寺に「道逢」という名の地位も財も得ているとされている僧侶の威圧的な態度に腹を立てたと書いている。

彼の紀行文は、金剛山の美しい景色を称えるよりは、金剛山の名所や伝説、体験などを批判しているものが多い。しかし、金剛山の名所や伝説に

---

[17] 高麗王朝の都。
[18] 現在の韓国の慶尚北道、慶尚南道に当たる。新羅の都であった慶州が含まれる。
[19] 朝鮮半島の北西部で現在の北朝鮮の平壌一帯をいう。

関しては、細部にわたって詳しく書かれていたため、その後の紀行文に多く引用された。そのことは、漢文が読める人に限られはするが、彼の紀行文自体が広く読まれていたことを示すものと思われる。

「遊金剛録」（이원지・노역［李竈著・ノキュホ訳］、1996：191-209）

李氏朝鮮初期の儒学者であった、李竈により書かれた、1493年20日間の金剛山遊覧の紀行文である。彼の出生年度がはっきりしていないため、何才の時に金剛山遊覧をしていたかは不明である。彼は、祖先の一人が高麗末期に金剛山を遊覧し、その詩を残していることから、金剛山遊覧を念願していたが、仕事や家の事情で遊覧する余裕がなかった。ところが、政治的な理由で仕事をやめることになり、喜んで金剛山の遊覧をすることにしたという。

高城郡の太守とは若い時から付き合いがあったので彼の接待を受けたとしている。自分の名声や地位、あるいは知り合いであるという理由でその遊覧する地方の官吏の接待を受けることはそれほど珍しいことではなかっただろう。宿泊施設が整備されていない状況ではそうするしか方法がなかったのかも知れない。接待する官吏は金剛山遊覧にまで同行することもあったので金剛山周辺の官吏は中央から要人が遊覧にくる度に大変な負担を強いられたものと思われる。

彼はお寺の造りがあまりにも華麗で派手なことについて「百姓の力をかりるのにも限界というものがある。石や木を運ぶのは百姓の力であり、神が動かし運んで来たものでなければ、関東地方の百姓の困難と貧しさは疑う余地がない」（이원지・노역［李竈著・ノキュホ訳］、1996：196）と寺院建立のために働かされた金剛山周辺地域の民衆の苦労をねぎらう記述もある。実際に、金剛山周辺の人々はお寺の創建、修理、供養のために訪れる貴族たちのもてなし、遊覧にくる貴族のための道の整備などに苦労が多かったようだ。

金剛山には、「金で作った53の仏像を鐘に付け、それに乗り、西域から海を渡って金剛山がある高城浦まできた村の太守が、その鐘を金剛山の渓谷に持って来たが、鐘がどこかへ行ってしまい、それを追いかけて、犬と

ノル（獐）[20]に、仏像の行方を尋ねると、教えてくれたので、犬とノルがいた場所に「犬嶺」、「獐嶺」と名前をつけた。鐘に付けてあった53の仏像を楡の枝にかけ、そこにお寺を建て「楡岾寺」と名付け、その仏像を奉った」（이원저・노역［李竃著・ノキュホ訳］、1996：197）という伝説があり、これについて彼は、以下のように批判をしている。「鉄や石が自ら動くことはできず、獣が人とは異なることは誰でも分かることなので騙すことはできない。なぜ、鉄で作られた仏像が歩き、犬やノルが話せるのか。話があまりにもおかしいので信じられない。この話が書かれている本を読んでみたところ、高麗の儒学者である閔漬という人が書いたことが分かったが、そのことが悲しい。孔子の学問を学んだ人が、仏教を排斥できないのであればなにも書かなくても良い。本に仏教に従う内容を書くことは儒教に対して罪を犯すことであり世の中を惑わしている」（이원저・노역［李竃著・ノキュホ訳］、1996：198）と辛辣に批判している。同じ儒学者であった閔漬が仏教説話をそのまま引用して書き残したことが許せなかったのだろう。しかし、儒学者であっても高麗あるいは李氏朝鮮初期までは仏教に対して寛大な者が多かった。朝鮮王朝実録においても世祖王までは、金剛山のお寺に布施や供養に行ったという記録があることから、仏教が抑圧されるようになるのは李氏朝鮮中期からであったと考えられる。

　李竃の仏教に対する批判は僧侶の行動にまで及ぶ。僧侶8、9名が壁に向かい、じっと座って座禅していることに対しても批判している。しかし、彼は金剛山遊覧の途中で食べ物がなくなり金剛山のお寺で米を2度ももらっている。当時は、従者を大勢連れて行く遊覧であり、食事ができるところが役場やお寺ぐらいしかなかったので食べ物などをお寺でもらう人が多かったようだ。儒学者の彼が、お寺に助けられたことについてどのように思ったのかは残念ながら記されていない。

　約20日間遊覧した彼は最後には、学問研究に励み、後進に学問を教え

---

[20] ノルは朝鮮語から由来した言葉で、鹿の一種。シベリア、中国東北部、朝鮮半島に分布。

なければならないにもかかわらず、美しい風光ばかりみて遊んだことに対して後悔をしながら、賢明な世界を習得し物事を深く研究するためにとして、学者らしい心得とともに金剛山の紀行文である「遊金剛録」を書いたのである。

李竈の紀行文には、金剛山の美しさを賛美した文章は見当たらないが、金剛山遊覧を念願していたことや、遊覧できることを喜んでいたことから、名勝地としてのイメージは抱いていたことを間接的に表している。

2-3. 李氏朝鮮中期の紀行文

李氏朝鮮中期の紀行文には、「関東別曲」（정철저・정우영역［鄭徹著・チョンウヨン訳］、1998：195-214）がある。「関東別曲」は1580年、鄭徹により書かれたもので、漢文ではなく、当時「諺文」と呼ばれていた、ハングルを使っている。「楓岳」と言うのは、金剛山の秋の名称である。春の旅行にもかかわらず、春の名称の「金剛」という名称ではなく、「楓岳」という金剛山の秋の名称を使ったのは、彼が朝鮮の儒学者であることと関係があると思われる。李氏朝鮮は仏教を弾圧し、儒教の思想に従う「抑仏崇儒」政策をとっていたため、儒学者である筆者は、仏教から連想される金剛山という名称を使いたくなかったことがうかがえる。このようなことは他の朝鮮の金剛山紀行文にも時折見られることである。山の美しい自然は認めているが、仏教に由来する名前は認めていない。彼は、より多くの読者に読んでもらうために、詩をハングルで書いたのである。諺文というのは、李氏朝鮮第4代王である世宗王の指示により作られた、朝鮮の文字「訓民正音」を見下した表現であり、諺文は貴族の社会ではあまり使われず、特に貴族の女性を中心として使われていたものである。そのことから、この紀行文は当時、金剛山遊覧に行くことができなかった女性たちのために諺文で書いたと考えられる。

次に、「遊金剛山記」（이정구저・정우영역［李廷亀著・チョンウヨン訳］、1998：195-214）をあげることができる。1603年李廷亀により書かれた紀行文である。李氏朝鮮時代の金剛山遊覧の動機は、官職から退いたため時間

第 1 章　高麗から朝鮮王朝までの金剛山観光

に余裕が生まれたか、あるいは赴任地に行く前に金剛山を遊覧するというケースがほとんどであった。しかし、彼は現職の大臣として金剛山を遊覧した珍しいケースであった。彼は当時、国の礼学、祭祀、使者送迎、科挙[21]などの事務を司る官庁である礼曹判書[22]の職位にあった。現職の大臣であることから、金剛山周辺の官吏による接待は他の人より手厚くされた。なぜなら、中央集権体制であった李氏朝鮮においては中央の政治家の歓心を買うことは出世のために欠かせないことだったからである。普段あまり接することのできない中央の権力者が来ることは、地方官吏にとっては自分をアピールするためのまたとない機会であったのだろう。

　李は、現職の大臣であったため、長い期間都を離れることはできないと反対もされたが金剛山を遊覧したいがゆえに地方出張を強行する。名目は、李氏朝鮮初代王の父親の墓所の修理に立ち会うという公務で、その帰路、金剛山を遊覧する予定であった。墓所の修理の終了後、その地方の知事の主催で妓生を呼び、船を出して宴会が行われた。しかし、金剛山に向かう途中で北方から敵が侵入してきたという知らせがあった。知らせを聞いた当初は、金剛山の遊覧ができなくなることに大変失望したが、敵を撃退したことで結局、金剛山の遊覧ができたと書かれている。金剛山に行ってみたいと40年間も思い続けていたと記されていることから、李がいかに金剛山旅行を望んでいたのかがうかがえる。

　彼は、金剛山遊覧の際に笛奏者一人と馬夫だけを連れていった。他の遊覧者は従者や食糧を十分用意していたが、彼は何も持って行かなくてもその地方の官吏がすべて世話してくれると分かっていたのだろう。その思惑通り、全ての世話を金剛山周辺の官吏たちがしてくれた。金剛山への途中では村の官吏や村人は彼が通ることを知り、肉や酒を用意し接待した。これは彼が、税金の事務を司る官庁である戸曹判書の時、この地域の税金を減免していたことに対するお礼であった。このように、権力者の力により

---

[21] 官吏の登用試験。
[22] 現在の長官。

損得がはっきり表われる朝鮮社会において権力者とのつながりは重要な意味をもっていた。

2-4. 李氏朝鮮後期の紀行文

　李氏朝鮮後期には、「金剛録」（박성원저・김용곤역［朴聖源著・キムヨンゴン訳］、1993：259-303）がある。「金剛録」は、1738年朴聖源により書かれた紀行文である。朴は、42歳の時に赴任地に行く途中で金剛山遊覧をしている。美しい名山金剛山を遊覧したい思いはあったが、都から遠くて遊覧する機会がなかった。またお金の余裕もなかったので、海と山の美しい景色を夢でしか見ることができなかったが、朝鮮半島北部地域の都事に任命され、赴任地に赴く途中で金剛山遊覧が実現したと紀行文のはじめに述べている。9月2日に都を出発して9月6日に金剛山の入口の断髪嶺に到着したとあり、4日間という比較的に短期間で金剛山に到着した。李氏朝鮮時代の紀行文を見ると、当時、都から断髪嶺までは短くて4日、長くて8日間かかっていた。前述した李氏朝鮮初期の南孝温の紀行文では8日かかっている。朴も、途中知人に会ったり、雨が降り足止めされたりしているにもかかわらず、4日間しかかからなかった。李氏朝鮮後期には、都からの所要時間を短縮している。所要期間はそれぞれの事情があり、一概には言えないが、李氏朝鮮初期よりも李氏朝鮮後期になって所要時間が短縮されたのは確かである。理由としては、金剛山遊覧客の増加により道を知っている人が増えたということや、道路の整備がはじめられた可能性が考えられる。

　李氏朝鮮中期からは駕籠に乗って遊覧するようになっていたが、朴聖源も長安寺の僧侶の駕籠に乗り金剛山遊覧をしている。他の紀行文にはない特徴として、官吏として村に迷惑をかけないように心掛けていることが挙げられる。「乗って来た馬と従者は山の外で泊まるようにし、下級家来の何人かと縣の兵士二人だけが残るようにした。また食べ物や飲み物等も村に迷惑のかからないように簡単に準備させた」（박성원저・김용곤역［朴聖源著・キムヨンゴン訳］、1993：268）としている。近くに赴任する官吏とし

てあまり悪い評価をされたくなかったからだと思われる。

3. イザベラ・バード・ビショップの金剛山観光

3-1. 朝鮮旅行の目的

　イザベラ・バード・ビショップ（ビショップ）は、1898年にロンドンで刊行された『*Korea & Her Neighbours : A Narrative of Travel, with an Account of the Recent Vicissitudes and present position of the Country, London,1898*』の序文で、「筆者は1894年1月から1897年までの間に4度、朝鮮を訪問した。これは蒙古人種の主要な特徴に関する研究計画の一部であった」（ビショップ・朴尚得訳、1993：21）と述べている。牧師の娘として生まれた彼女であったが、朝鮮旅行期間中朝鮮にいる宣教師らの助けを受けることはあっても、キリスト教の伝道活動のような行動は行なっていない。キリスト教の現状については、中国の奉天における宣教事業の成功例を調べて書き、1896年朝鮮の宣教団の現況に簡略に触れただけであった。他方、キリスト教が盛んであったアメリカについては1859年に『アメリカの宗教事情（*The Aspect of Religion in America*）』（Checkland［チェックランド］、1996：301）を出版している。このことからビショップの朝鮮旅行の目的は、宣教活動などの宗教的目的よりは、朝鮮の生活習慣、文化、社会などを調査することであったと思われる。ビショップの伝記である『*Isabella Bird and 'a woman's right to do what she can do well: Scottish Cultural Press1996*』（チェックランド、1996）には、「ポリネシアの島々でも、日本でも、中国北部でも、マレー半島でも、セイロン、インド北部……小アジアの各地でも、ビショップの旅行が成功したのは、現地の人々に対して自分の判断を押し付けることなく、中立的な態度でのぞみ、純粋に彼らの生活に興味を持ち、彼らの習慣を尊重したからだった。彼女は、改宗を説く宣教師として旅したのではなく、むしろ学ぶことを目的とする人類学者として旅をした」（チェックランド、1996：vii）とあるように、彼女は相手の習慣を尊重しながら異文化圏の人々と接していたので

ある。朝鮮でも、李氏朝鮮の国王との面談の時は、朝鮮の風習に従い3回お辞儀をした上で国王と対話するなど朝鮮の風習を尊重した面がある。彼女の朝鮮旅行の目的は、純粋に朝鮮民族の特徴などを調査することであったと思われる。

　彼女の研究については、ビショップ自身も「蒙古人種の主要な特徴に関する研究計画の一部であった」（ビショップ・朴尚得訳、1993：21）と述べているように、地理学者として朝鮮を調査し朝鮮人を研究することが目的であったと見て良い。当時、ヨーロッパには朝鮮に関する書籍や資料があまりなく、朝鮮に関して事前に知識を得ることが困難であったにも拘らず、地理学者らしく、地理・歴史・文化などを正確に表現しており、動植物の名前なども詳しく書いていることが特徴的である。

　彼女が『朝鮮とその近隣諸国』に金剛山探勝記を書いたことによって、金剛山が世界に知られるようになった。金剛山旅行について、「イギリス領事キャンベル氏は、断髪嶺を横断した数少ないヨーロッパ人の一人である。その魅力的な物語の中で断髪嶺は荷を積んだ動物や雇った荷物運搬人には越せない、と述べている」（ビショップ・朴尚得訳、1993：217）と書かれていることから考えると、キャンベルの文章により金剛山に興味を持ち、魅力的な金剛山を旅行することを決めたのだろう。

3-2.『Korea & Her Neighbours』と『朝鮮奥地紀行』

　ビショップの朝鮮旅行記の『Korea & Her Neighbours』は、イギリスとアメリカで刊行され、ベストセラーになり日本では、当時の知識人が読んでいたと思われる。日本では、すでに『*Unbeaten track in Japan： An account of travels in the interior, including visits to the aborigines of Yezo and the shrines of Nikko and ise,* ,by Isabella L. Bird. In two volumes. With map and illustrations;v.1,v.2.—3ed John Murray 1880』が刊行されていたため、ビショップの知名度は高かったと思れる。ビショップの旅行目的が観光地をまわることよりも人々の生活の観察が中心であったにも拘らず、金剛山を紹介しているのは、当時やはり金剛山が最も名勝地であっ

たからである。この本が刊行されてからは、金剛山の案内書を書く多くの人がこのビショップの金剛山旅行を引用している。1925年には、法学士の工藤重雄により『三十年前の朝鮮』(ビショップ・工藤訳、1925)という題で315ページにも達する翻訳書が刊行される。この訳書には、斎藤総督、当時の韓国人実力者である李完用、下岡政務総監が題字を書くほど当時の実力者の関心が高かった。

3-3. 朝鮮の旅行事情

ビショップは、金剛山を旅行する時に乗ることになる朝鮮驢馬について次のように書いている。

> 朝鮮の驢馬は、朝鮮の最も目立つ特徴の一つになっている。その品種は特殊なものである。重荷運搬用に使われるその動物は、すべて種馬である。十手尺［1.02メートル］から十二手尺［1.22メートル］の高さがあり、立派な形をしていて非常に強い。何週間も粗末な餌で、一日三十マイル［48キロメートル］、百六十ポンド［75.5キログラム］から二百ポンド［91キログラム］もの荷を運搬する。(ビショップ・朴尚得訳、1993：200)

電車も車もなかったこの時代には船と馬が主な交通手段であった。また、南輿という籠のようなものにも乗るが、この南輿についても、乗り方やつくりについても説明している。

> 朝鮮には正規の宿屋と、正規でない宿屋とがある。正規でない宿屋は、村道にある普通のあばら屋となんら異ならない。そうでなければその宿屋は、せいぜい飼い葉桶のある庭が自慢でき、人間同様に獣ももてなせる位のものである。町や大きな村の正規の宿屋には、主として穴ぼこや、雑多な物がたくさん積み重ねられた不潔な中庭がある。今にも倒れそうな門を通って入る。一匹の痩せた黒豚か、耳のそばをつなぎ綱で繋がれた大きな黄色い二匹の犬が生ゴミを鼻で掘り出している。鶏、少年、雄牛、驢馬、

馬夫、食客と、そして旅人の積荷が、賑やかな風景を醸し出している。(ビショップ・朴尚得訳、1993：203-204)

　当時の朝鮮では宿というより、酒や食事を売り、泊めたりもする「酒幕」あるいは「酒店」が一般的であったので、この「酒幕」のことをいっていると思われる。一般庶民はこのような酒幕に泊まるが、「役人とヤンバンは、最寄りの郡守の歓待を受ける」(ビショップ・朴尚得訳、1993：204)と述べている。このヤンバンという貴族が郡守の接待を受け、役場に泊まることは、彼女には理解できなかったようだ。ビショップは、このような貴族とは異なり、宿で大変苦労をしていた。

　全ての部屋には貴賓室、それがなければ縦八フィート、横六フィートの「綺麗な部屋」として知られている別室がある。もし別室がある時は筆者はその部屋を借りた。もしなければ、女たちが住む奥の一部屋を借りた。熱さと小さな昆虫が目立っていた。その部屋には甕、きたない衣服の包み、醤油用に腐らせる豆、その他の家具がたくさん容れてあって、人が居られる場所はほとんどないと言ってよい。(ビショップ・朴尚得訳、1993：204-205)

　朝鮮旅行でなによりも彼女を悩ませたのは、暖を取るための「オンドル」という朝鮮の熱い部屋と、ヨーロッパの女性をはじめてみた朝鮮の女たちの、好奇心と不作法であったようだ。

　女の人たちと子供たちは山のようになって、私の寝具の上に座った。私の衣服を調べた。ヘアピンを抜いた。髪を引き降ろした。スリッパを脱がした。自分たちと同じ肉や血なのかどうか見るために、私の着物の袖を肘まで引き上げて、私の腕を抓った。私の帽子を被ってみたり、手袋を嵌めてみたりしながら、私のわずかばかりの持ち物を詳しく調査した。(ビショップ・朴尚得訳、1993：207-208)

このような困難な状況にも負けずに旅行を続け、また4回も朝鮮を、そして世界を旅行した彼女の研究熱心さが伝わってくる。また、好んでホストとのかかわりを持とうとしたことが分かる。ビショップは、金剛山の住職や僧侶が親切で丁寧に接してくれたことに対し「このあたりの寺院での仏教の生み出した文化全般、そして親切なもてなしや配慮、やさしい態度は、この地以外の儒教信奉者を自称する朝鮮人の中で目撃した尊大な横柄さ、傲慢さ、慢心ときわめて対照的である」（ビショップ・朴尚得訳、1993：243）と述べている。キリスト教徒であるビショップが、僧侶や仏教を嫌う事なく、彼らに親近感をもっていたことと、朝鮮の儒学者に対する反感が表われている。

3-4. 金剛山旅行

ソウルから断髪嶺（Tanpa-Ryoung）までの旅程を彼女の文章からは察することはできなかった。どの地域を通り、どこで宿泊したのかが書かれていない。行程表には、漢江の船口尾（ペクミ）から三方峡—大酒店—松里渓（Mari-Gei）—長安寺と書いてある。「大酒店」という地名は不明だが、おそらくビショップが泊まった宿のことだと思われる。朝鮮では、「酒店」でお酒も飲み、食事をし、宿泊もしたので地名というよりは宿泊の場所であったと思われる。しかし、松里渓が金化郡にあることから金化を通って行ったことが分かる。金剛山地域の西の関門である断髪嶺の峠を越えて長安寺に入るこのコースは、朝鮮の旅行者の多くが利用したコースである。当時は、道路が発達していなかったことから、ビショップが通ったコースが主なコースであったと思われる。ほとんどの朝鮮の旅行者は、ソウルを出発し、鉄原まで行き、金化昌道を通り、断髪嶺から長安寺まで入る。交通手段が発達する植民地朝鮮の頃からは、電車を利用した外金剛山へのコース、内金剛山へのコース、海路を利用した元山から高城のコースなどが開発されるが、交通が発達していないビショップが旅行した時代には、コースは限られていた。

ビショップは、金剛山の最高峰をみて、「約束どおりの土地」（A fair land of promise）（ビショップ・朴尚得訳、1993：218）と叫び、旅行者の期待を裏切らない美しい景色であると絶賛している。また「峰の数が一万二千よりも一千二百に、多分一層近かろうという理由で、朝鮮人の誇張に抗議したいとは思わない」（ビショップ・朴尚得訳、1993：226）と述べている。ビショップが見た金剛山の美しい絶景は、朝鮮人の誇張をも許せるほど素晴らしいものであったと思われる。

4. 景勝地としての金剛山イメージの形成

　韓国では、金剛山観光が注目されはじめた1998年から金剛山に関する研究が各分野においてなされるようになった。一般刊行物においても高麗から植民地朝鮮までの金剛山紀行文が多く出されるようになり、金剛山に関する紀行文や詩など文学的な側面からの研究が盛んになった。金剛山紀行文の代表的な研究には、李の『金剛山紀行文学研究』（이문희［李文熙］、2000）をあげることができる。李は、「金剛山紀行文学」が文学のジャンルとして成立していることを取り上げている。彼は金剛山紀行文学を、「金剛山を主な目的地として旅行し、その見聞と体験を基にできた文学」（이문희［李文熙］、2000）つまり、実際の旅行体験を基にして書いた詩や紀行文を紀行文学と定義している。ただし、そこには金剛山をテーマにしている小説や説話などは含まれていない。彼は、高麗時代から李氏朝鮮時代までの金剛山遊覧客たちが残した紀行文学を収集・分類し体系的に整理し、金剛山旅行の変化を考察した。それによると、「朝鮮前期までは、現職の官吏や生活に余裕がある上流社会の人々に限られていた金剛山遊覧は、朝鮮後期に入ると身分制度の崩壊により、遊覧客の対象は拡大された」（이문희［李文熙］、2000：202）と述べている。こうした紀行文からの分析により、上流社会の独占的なものであった金剛山遊覧が、一般庶民へと少しずつではあるが、大衆化していった変化を読み取ることができる。
　李の文学的な側面からの金剛山に関する先行研究を踏まえた上で、本章

第 1 章　高麗から朝鮮王朝までの金剛山観光

では、高麗時代から李氏朝鮮時代までの金剛山紀行文を分析した結果、上流社会の人に限られてはいるが、当時の他の名勝地に比べ、多くの遊覧者が金剛山を遊覧していたことがわかった。また、遊覧後は、多くの詩や絵、紀行文を残していた。紀行文には、金剛山の奇岩絶壁など自然の美しさを賛美している部分が多く見られた。そのことから、金剛山は古くから美しい自然、つまり景勝地としてのイメージが形成されていたことが明らかになった。

　また、ビショップは金剛山を「本当に約束どおりの美しい土地」（ビショップ・朴尚得訳、1993：218）であるといい、やはりその美しさを褒め称えていた。「金剛山見物は、朝鮮人を卓越した旅行者の地位に持ち上げてくれる。ソウルの若い住民の多くが、この洒落た名声をものにしている。金剛山は巡礼の旅を受け入れる霊場とされてはいない。というのはたいていの朝鮮人は、仏教や髪を剃った托鉢僧を軽蔑しているからである。この山々は朝鮮で有名である。それで、この絵のような美しさは、朝鮮の詩歌で大層褒め称えている」（ビショップ・朴尚得訳 1993：228）としている。朝鮮後期においては金剛山を多くの人たちが遊覧し、金剛山の美しさを詩や紀行文に残していたことと、当時金剛山を旅行できたことは大変な自慢でもあったことがビショップの紀行文から察することができた。

第2章

日本植民地と金剛山観光開発

1. 鉄道と金剛山観光開発

1-1. 朝鮮総督府鉄道局の金剛山観光開発

　朝鮮総督府は積極的に観光開発を行った。「台湾植民地鉄道は植民地鉄道の典型であり、砂糖や石炭、木材などを台湾各地から日本に移出し、日本から工業製品を移入する輸送網を形成した。こうした輸送網から旅客機関として発達することによって、台湾での近代ツーリズムを発達させた」（曽山、2003：57）。日本植民地下の朝鮮においても、朝鮮総督府鉄道局の交通手段の整備は、金剛山を中心とした朝鮮旅行に大きな役割を果たしていたと言える。

　韓国併合前、朝鮮における最初の鉄道管理局であった「統監府鉄道管理局」が1906年に設置され、総務部と管理部、工務部が設けられ京釜鉄道を[23]管理するようになる（朝鮮総督府鉄道局、1940）。1907年には、最初の鉄道案内所がソウルから釜山までの京釜線の出発駅であるソウルの南大門駅と、終点釜山の手前の草梁駅に置かれ鉄道案内をしていたという。また1908年には、近代ツーリズムの創始者のトマス・クックとその息子が

---

[23] 現在のソウルは1395年から1910年までの朝鮮においては「漢城府」であった。1910年、朝鮮総督府及び地方官制により「漢城府」は「京城府」になり、ソウルは「京城」と改名された。この京城から朝鮮第2の大きい行政地域であった「釜山」までの路線が「京釜線」である。1905年開通。

経営していた「トマスクック・アンド・サン」社及び、「イギリス寝台会社東洋支配人」と協定を結んで、外国人の観光客に対して乗車券の代理発売を任せ、外国の観光客の朝鮮旅行の便宜を計ったのである。

1909年、統監府鉄道管理局は統監府鉄道庁と名称を変え、また同年、鉄道院の所管に移り「韓国鉄道管理局」となったが、1910年の日韓併合後、朝鮮総督府の行政機関の統合整理により朝鮮総督府鉄道局が設置され、その後、植民地朝鮮における観光開発が積極的に行われることになる。その中でも、金剛山観光開発には特別に力を入れている。朝鮮総督府は、日本人の朝鮮・満州への観光客誘致はもちろん、朝鮮人の日本への旅行も奨励していた。朝鮮人には、日本への旅行だけではなく朝鮮国内旅行への働きかけもしていた。

地理的に、日本人よりも朝鮮人の方が金剛山観光を行うのに比較的容易だったこともあり、金剛山への観光客は日本人より朝鮮人の方が多かった。金剛山の道路整備や宿泊施設の増加により、日本植民地以前は上流社会のものであった金剛山観光が、一般の朝鮮人にも可能になった。

表1のように金剛山観光客数は年々増加傾向をみせている。その理由は、鉄道の開通である。金剛山観光客増加に大きな役割を果たしていた「金剛山電気鉄道」が、1924年「鉄原」より「金化」間の営業を開始し、1931年には「末輝里」より「内金剛」までが全開通された。その上、朝鮮総督府鉄道局経営の「東海北部線」が開通され、金剛山観光客は益々増

表1　金剛山観光客動向（1927年-1934年）[24)]　　　　　　　　　単位：人

年	内地人	朝鮮人	外国人
1927	298	3,733	486
1928	3,390	4,976	434
1929	6,609	6,376	413
1934	15,241	18,270	199

[24)] 『朝鮮』（1935）pp.182-183を参考に筆者作成。

表2　東海北部線[25]

区間	開通年
安邊―歙各	1929年9月
歙各―通川	1931年7月
荳白―長箭	1932年8月
長箭―外金剛	1932年9月
外金剛―高城	1932年11月
高城―杆城	1935年11月
杆城―襄陽	1936年12月

加していった。

　東海北部線は金剛山近辺を走る電車で、私設鉄道の金剛山電気鉄道が金剛山観光客の増加に影響を与えていたことと同様に、朝鮮総督府鉄道局経営の東海北部線の開通も金剛山観光客増加に影響を与えていた。

　また、朝鮮や金剛山の案内書の発行にも積極的であった。統監府鉄道管理局が設置された2年後の1908年にすでに『韓国鉄道線路案内』が発行された。この案内書には、京釜線と京義線[26]の各駅を詳細に紹介している。駅周辺の名勝地をはじめ、旅館、料理屋、交通関係、人力車の料金、通信、貿易、産業、主な機関、人口まで詳しく書かれている。この案内書が最初の本格的な朝鮮ガイドブックであっただろう。

　京城から元山までの京元線の全線開通2年前の1912年の『朝鮮鉄道線路案内』には京元線の案内があり、鉄原駅の部分に「金剛山は駅の東方21里半、島中著名なる一大霊場にして、其の雄大なる景勝は東洋無比と称される」と紹介されている（朝鮮総督府鉄道局、1912：61）。おそらくこれが朝鮮総督府鉄道局より紹介された金剛山案内の始まりであったと思われる。その後、朝鮮総督府鉄道局により、鉄道沿線を中心とした朝鮮鉄道

---

[25] 朝鮮総督府鉄道局（1940）p.272を参考に筆者作成。
[26] 1906年に開通された京城から現在の北朝鮮の新義州までの路線である。

第 2 章　日本植民地と金剛山観光開発

旅行案内書が多く発行される。「附金剛山探勝栞」として金剛山案内が詳しく紹介されるようになる。また、朝鮮総督府鉄道局により、金剛山に関する絵葉書が多く発行されている。これらの絵葉書は大部分が奇岩絶壁などの写真であり、金剛山を紹介する際に、最も売り物とされたのは奇岩絶壁であったことがうかがえる。

図1　金剛山絵葉書[27]

朝鮮旅行案内のパンフレットには、金剛山探勝旅程の案内が掲載されているが、朝鮮総督府鉄道局により発行された「金剛山」単独のパンフレットもあった。

 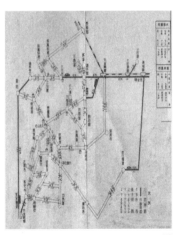

図2　金剛山案内パンフレット[28]　　**図3　金剛山案内パンフレット**[29]

上記の金剛山パンフレットには、金剛山の説明や交通手段、費用、探勝路、案内者、宿泊施設の案内などが書かれてあり、このパンフレットだけでも充分金剛山観光ができるような詳しい案内パンフレットであった。
　朝鮮総督府鉄道局の広報活動の中で最も積極的に行なわれていたのが観光映画制作であった。鉄道局は旅客の誘致のため観光映画制作を積極的に行っていたと思われる。それらは内地に限らず海外向けに朝鮮の名勝や風俗を紹介し、国際観光を目的としたものもあった。当時朝鮮の観光宣伝のために制作された映画には、『朝鮮の旅』、『金剛山』、『四季の行事』、『朝鮮の展望』、『新羅王朝の跡を尋ねて』、『羽衣天女物語』等があった。また、制作年度は不明であるが朝鮮総督により制作された宣伝映画「TYOSEN」は、英語のナレーション付きで、金剛山の奇岩絶壁や山の風景を紹介しており、さらに金剛山の神渓寺なども登場する。また慶州の寺院などを紹介している。美しい朝鮮女性の洗濯場面や、朝鮮の生活を紹介している。また朝鮮が空路と海路で日本と中国に繋がっていることを強調し、朝鮮神宮や朝鮮ホテル、朝鮮総督府などを映している。最後には朝鮮の自然景観を観賞に訪れる事を勧めるナレーションで終わる、この映画は朝鮮を外国に宣伝し、外国人の観光客を誘致するために制作されたものであった。
　このように制作された映画は、東京、大阪、下関の「鮮満案内所」に配給され、朝鮮への観光客誘致のために使用されていた。当時の、朝鮮紀行文には、この鮮満案内所から朝鮮への旅行情報を得ていたことが書かれており、この鮮満案内所は金剛山をはじめ朝鮮旅行案内に役立っていたことが分かる。朝鮮総督府鉄道局では案内書や映画制作など金剛山をはじめ朝鮮観光宣伝を積極的に行い、また積極的に配布していたのである。

---

[27] 朝鮮総督府鉄道局、年代不明。
[28] 1939年朝鮮総督府鉄道局発行。
[29] 1939年朝鮮総督府鉄道局発行。

1-2. 金剛山電気鉄道株式会社と金剛山観光開発

「けわしい地形によって、観光客の訪れを阻んでいた金剛山を誰でも探勝できる観光地に変えたのは、何といっても金剛山電気鉄道の功績である」(青木、1985：4)。この金剛山電気鉄道株式会社によって金剛山が観光地としてより確立することになる。鉱産資源などを輸送する目的と同時に、朝鮮において最も有力な観光資源であった金剛山の近くを走っていたことで、観光客を輸送する役割も担っていた。険しい地形だった金剛山に観光客が訪れるようになったのはこの鉄道開通の影響が大きかった。

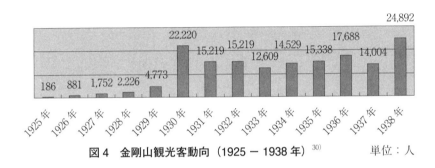

図4　金剛山観光客動向（1925－1938年）[30]　　　単位：人

1919年に設立された金剛山電気鉄道株式会社は、「古来金剛山は天下の霊山絶勝として普く聴へ百の耶馬溪を以てするも及ばずと言われてきたにも拘らず、これに達する四囲の交通が至って不便であった為に霊容に接せんと欲する内外の探勝客は従来非常に遺憾としたところである」(金剛山電気鉄道株式会社、1939：1) とし、「朝鮮金剛山は東洋一の絶勝として夙に内外人の感嘆する所なり。殊に韓国併合以来一層其の名を顕はし観光者年を逐ひて増加し探勝する者多し、為に朝鮮総督府は数年前より夏季に於いては道路を修築し、自動車運転の便を図らっても夏季以外随時探勝をせむとする者には不便甚だしいことを遺憾とする所なり、故に完全なる交通機関の敷設を一般希望せる所なり」(金剛山電気鉄道株式会社、1939：24-25)

---

[30] 金剛山電気鉄道株式会社（1939）p.70。

としていることから、この鉄道が当初から金剛山観光客を視野に入れて開発されたものであったことが分かる。

また、会社設立趣旨に「此処の事業たるや即国家的事業なるを以て其の経営を安全にするが為、朝鮮総督府より払込資本金額に対し営業開始前と払込後其の払込額に対し或る期間年八分に満つべき補助金を下付せらるべきに付戦後実に唯一安全の投資事業なりとす。大方諸賢庶幾くは奮て此の安全なる国家的事業を賛助せられむことを」（金剛山電気鉄道株式会社、1939：25）としていることから、金剛山鉄道事業が私企業によるものでありながら朝鮮総督府の全面的な支援により行われていたことが分かる。

表3　金剛山電気鉄道株式会社各駅別営業開始日（1925-1931年）[31]

駅名	鉄原より金化間	金化より金城間	金城より炭甘間	炭甘より昌道間
営業開始年月日	1924.8.1	1925.12.20	1926.9.15	1927.9.1

駅名	昌道間より縣里間	縣里より花渓間	花渓より末輝里間	末輝里より内金剛間
営業開始年月日	1929.4.15	1929.9.25	1930.5.15	1931.7.1

図4と表3は、金剛山観光客動向と金剛山電気鉄道株式会社の区間別の開通日である。鉄道開通により金剛山観光客が年々増加して行くことが明確に読み取れる。

『金剛山電気鉄道株式会社20年史』（金剛山電気鉄道株式会社、1939）には、「当社の鉄道前に於いては昌道より重晶石の採掘があったが、硫化鉄鉱の採掘が着手されるに至ったのは昭和六年以降である」（金剛山電気鉄道株式会社、1939：71-72）と、記されていることから、金剛山電気鉄道は硫化鉄鉱及び重晶石の運搬も一つの設立目的であったと思われる。この昌道というのは、金剛山電気鉄道の沿線の昌道地域であり、当時この地域で重晶石と硫化鉄鉱の採掘をしていたのである。金剛山電気鉄道株式会社20

---

[31] 金剛山電気鉄道株式会社（1939）p.70。

年史には、金剛山電気鉄道の南昌道駅構内で積み込み作業をしている写真が載っていることから（金剛山電気鉄道株式会社、1939：71）この駅周辺で採掘をしていたことが分かる。南昌道駅から終点内金剛駅までは5つの駅があり距離も36キロメートルもあった（朝鮮総督府、1939：19）。金剛山では天然資源などの採掘をしていなかったにも拘らず、金剛山まで鉄道を引いていたのである。金剛山電気鉄道株式会社創立趣旨や観光客輸送実績、鉱産採掘地域などのことから考えると、鉱産資源輸送の目的ばかりではなく、実際には、金剛山観光客を運ぶ役割も果たしていたことが明らかになった。

曽山は「本来は産業線として建設された台湾植民地鉄道だったが、官設鉄道と私鉄および軌道が結合し、台湾西岸地域を中心に稠密な旅客輸送網を展開し、重要な旅客輸送機関として発達した」（曽山、2003：85）と、同じ日本植民地統治下にあった台湾における鉄道敷設がもたらした観光活動についての影響に関して分析している。金剛山関連鉄道がその最初の段階から、産業線に加え観光客の便宜を図るための鉄道まで建設したことで、より観光客誘致に積極的であったことがうかがえる。

朝鮮総督府告示第百四十二号 朝鮮総督府鉄道局ト金剛山電気鉄道株式会社、江原自動車商会及朝鮮郵船株式会社ト連帯シ大正十四年六月一日ヨリ大正十四年十月二十五日迄金剛山探勝連絡乗車券ノ発売及連絡手荷物ノ取扱ヲ開始ス大正十四年五月三十日　朝鮮総督　子爵斎藤実
（朝鮮総督府『官報』1925年5月30日付）

朝鮮総督府告示第二百二十七号 朝鮮総督府鉄道局ト金剛山電気鉄道株式会社、高城自動車株式会社及朝鮮郵船株式会社ト連帯シ別ニ定ムル手続ニ依リ昭和五年五月十五日ヨリ金剛山探勝券の発売ヲ開始ス 昭和三年朝鮮総督府告示第百七十号（朝鮮総督府鉄道局ト金剛山電気鉄道株式会社、江原自動車商会、朝鮮郵船株式会社及高城自動車商会ト連帯シ金剛山探勝乗車船券ノ発売及聯絡手荷物ノ取扱開始ノ件）ハ之ヲ廃止ス 昭和五年五月十日

朝鮮総督　子爵斎藤実
　　（朝鮮総督府『官報』1930年5月10日）

　朝鮮総督府と金剛山電気鉄道株式会社が連携して金剛山探勝券の販売などの業務提携を行うことが朝鮮総督府発行の『官報』に告示されていることから、朝鮮総督府との密接な連携をもって鉄道事業が行われていたことがうかがえる。

　高が「金剛山電気鉄道は、決戦非常配置要綱により1944年10月に昌道から内金剛までの線は営業中止となった」（高成鳳、1999：31）と、述べているように、戦況の悪化により観光客輸送は減少し、金剛山電気鉄道の観光鉄道としての役割は終わった。

1-3．南満州株式会社と金剛山観光

　朝鮮鉄道経営を南満州鉄道株式会社が委託経営するようになった背景には、1910年初代朝鮮総督として着任していた寺内正毅の強い意向があった。寺内は、「日露戦後の我国の大陸満州における所謂四頭政治の弊害を除去し、鮮満を一元化した経済的発展を画策すると共に、鮮満鉄道を一元化せんとの意見を抱いて居た」（朝鮮総督府鉄道局、1940：90）と述べている。寺内は、のちに、日本の内閣総理大臣になった際に、南満州鉄道株式会社に朝鮮鉄道の経営を委託する。朝鮮と満州を連結した鉄道政策や経済政策を実施し、満州と朝鮮の一本化を目的としていたと思われる。

　　朝鮮総督府告示第百三十号
　　大正十四年朝鮮総督府告示六十五号ニ依ル大正七年南満州鉄道株式会社社号第二十九号金剛山探勝自動車営業ハ大正十四年五月三十一日限り之ヲ廃止ス
　　大正十四年五月二十三日　　　朝鮮総督　子爵斎藤實
　　（朝鮮総督府発行『官報』1925年5月23日付）

第2章　日本植民地と金剛山観光開発

　1917年から1924年までの朝鮮鉄道経営は南満州鉄道株式会社が委託経営していた。この委託経営により金剛山の沿線である京元線の経営や金剛山の温井里ホテルと長安寺ホテルの経営を南満州鉄道株式会社が行った。そのため、この時期の朝鮮案内書やパンフレットの作成は南満州鉄道株式会社によって行われていた。朝鮮総督府鉄道局直営のホテルも南満州鉄道株式会社が委託経営していた。

　朝鮮旅行パンフレットは、経営主体が変わっても、朝鮮交通案内、旅行日程案、各鉄道の案内などの内容については、朝鮮総督府鉄道局経営の時とそれほど変わっていなかった。南満州鉄道株式会社が発行していたこれらのパンフレットは、東京、大阪、下関にあった満鮮案内所などで配布されており、朝鮮を旅行する観光客の良い案内書であった。

2. 観光施設の整備

2-1. 通信

　朝鮮総督府官報には、1915年から金剛山近隣の末輝里という土地に、電信電話所を設置したと記録されている。おおよそ、この時期から観光客の便宜を図るために、金剛山周辺の通信施設の整備が始められ、1930年代には、ほとんど整備されていたようである。

　　朝鮮総督府告示第二百四十五号
　　大正四年十月一日ヨリ左記電信電話所ヲ設置ス
　　大正四年九月三十日　　　　　　　　朝鮮総督　伯爵寺内正毅

所名	位置	電報取扱ノ制限	
末輝里電信電話所	江原道淮陽郡長楊里末輝里	電報直配達区域末輝里	其ノ事項別使配達ヲ為サス

　　（朝鮮総督府発行『官報』1915年9月30日付）

　　朝鮮総督府告示第二百七十八号

大正四年十月三十一日限リ左記電信電話所ヲ廃止ス
　　同電信電話所ニ於テ取扱ヒタル事務ハ下記郵便局之ヲ継承ス
　　大正四年十月二十九日　　　　　　　朝鮮総督　伯爵寺内正毅
　　所名　　　　　　　　　　　　　　継承局名
　　未輝里電信電話所　　　　　　　　淮陽郵便局
　（朝鮮総督府発行『官報』1915年10月29日付）

　金剛山周辺に設置される電信電話の取扱所や郵便物の取扱いは金剛山観光シーズンに合わせた営業を行い、観光客の便宜を図っていた。

2-2. 宿泊施設

　朝鮮総督府鉄道局直営の「温井里ホテル」は、1915年金剛山の外金剛に建てられた。温井里ホテルは欧米式のホテルで、客室数10、収容人数16で開業した。その後、1917年に内金剛山にも欧米式の「長安寺ホテル」が建てられた。

　表4を見ると、温井里ホテルと長安寺ホテルの宿泊客は、日本人が多い。しかしながら植民地朝鮮の各種統計を見ると、日本人と朝鮮人を区別したものとそうしていないものがある。日本人と朝鮮人を区別する場合は、日本人を内地人とし、日本人と朝鮮人を区別しない場合は、日本人の中に朝鮮人も含まれていた。そのため、表4からは宿泊者が日本人のみであったのか、朝鮮人も入っていたのかを察することはできないのであるが、どのホテルも朝鮮人が一人も宿泊していなかったことは考えられない。おそらくこの表では日本人の中に朝鮮人も含まれていると考えられる。

　金剛山周辺には朝鮮人が経営する旅館が多くあり、鉄道局経営ホテルより安くて、朝鮮式のオンドルと食事ができることもあり、日本人の中にも朝鮮の旅館に泊まっていた人もいたことから考えると、朝鮮人の金剛山観光客は、一般の朝鮮人経営の旅館に泊まっていた人が多かったと思われる。実際に、日本植民地時代の朝鮮人の紀行文には朝鮮人経営の旅館や日

表 4　朝鮮総督府鉄道局経営ホテル営業実績表（1924年）[32]

種別		京城ホテル	温井里ホテル	長安寺ホテル	釜山ホテル	新義州ホテル
客室		69室	10室	26室	15室	9室
定員数		106人	20人	30人	19人	15人
営業日数		365日	153日	153日	365日	365日
宿泊者	日本人	2,281人	119人	283人	816人	370人
	外国人	1,703人	81人	81人	157人	152人
	合計	3,984人	200人	364人	973人	522人
延べ宿泊者		11,918人	532人	887人	1,250人	1,150人
一日平均宿泊者		32.7人	3.5人	5.8人	3.4人	3.2人
食事客数	宿泊客	20,339人	1,563人	2,528人	1,983人	1,406人
	外来客	26,535人	219人	21人	9,619人	2,267人
	合計	46,874人	1,782人	2,549人	11,602人	3,673人
宴会	回数	243回	1回	—	101回	32回
	人数	12,363人	14人	—	3,706人	810人
収入	室料	60,456円	1,364円	1,413円	5,949円	4,309円
	食堂	147,077円	3,408円	4,916円	36,282円	10,217円
	酒場	42,781円	558円	749円	10,680円	2,650円
	理髪	2,110円	—	—	—	—
	洗濯	26,502円	—	—	—	—
	自動車	19,128円	—	7,381円	11,169円	—
	雑費	22,028円	109円	139円	12,853円	1,578円
合計		320,281円	5,439円	14,598円	66,933円	18,754円
1日平均収入		87,748円	3,555円	9,541円	18,338円	5,138円

[32] 朝鮮総督府鉄道局（1925）p.148。

本人経営の旅館に泊まっていたと書いており、鉄道局経営のホテルに宿泊した記録は見つからなかった。

　営業日数は、年間153日で6月1日から10月末までの営業だった。この時期は、金剛山観光シーズンにあたる。営業時期から、この温井里ホテルと長安寺ホテルが金剛山の観光客だけを相手にしたものであったということがうかがえる。

2-3. 治安維持

　「山内末輝里、長安寺、温井里、普賢洞には憲兵派遣所あり、依頼すれば公務に支障のない限り、補助憲兵の日本語をよく話すものを、護衛兼案内として附せらることあり」(南満州鉄道株式会社、1918：14)と記録されていることから観光客の安全確保のために、憲兵が派遣されていたことが分かる。

　　朝鮮総督府江原道告示第四十八号
　　大正十四年六月一日ヨリ左記警察官出張所ヲ設置シ警察事務ヲ取扱ハシム
　　名称　長安寺警察官出張所
　　(朝鮮総督府発行『官報』1925年6月6日付)

　　朝鮮総督府江原道告示第八十二号
　　大正十四年十月三十一日左記警察官出張所ヲ廃止ス
　　名称　長安寺警察官出張所
　　(朝鮮総督府発行『官報』1925年11月19日付)

　『官報』に記録されているように、金剛山観光シーズンに合わせて警察官の出張所が金剛山に設けられ、観光客の安全確保のために駐在していたことが分かった。

2-4. 財団法人金剛山協会

　1920年代終わりまで金剛山観光整備及び開発に積極的であった朝鮮総督府鉄道局は、1930年に「財団法人金剛山協会」を設立し、その後の金剛山観光はこの協会の主導により整備されるようになる。岡本暁翠による『京城と金剛山』（岡本、1932）には、この協会の目的が以下のように書かれている。「金剛山のその優れた景観を保ち、その土地を利用増進するための施設経営をなし、あわせて官の施設に助力することを目的とする」（岡本、1932：293）。当時の金剛山観光は、交通の便が良くなり、観光客も内外問わず増加の一途をたどっていた。しかし、それにも関わらず、金剛山関連の施設は不十分であった。金剛山協会の今井田会長は、その状況を『財団法人金剛山協会の設立に就いて』において、こう述べている。「遺憾なことには、回遊路線や休憩所や旅館などをはじめ、名勝地としての各種設備いまだ之に伴わず、観光探勝の客の数も、いわゆる国立公園の候補地の王座を占める金剛山にさほど多くならぬのに加え、地質や鉱物や植物や建築その他の研究などの利用がまだまだ十分ではないのである」（岡本、1932：307）。

　このような状況を解決するために、1930年の1月以降、総督府関係局部、江原道庁、金剛山電気鉄道株式会社の関係者が随時集まり、官の施設に助力するための有力な機関の創設を話し合った。山林、鉄道、道路、電話、寺院、宿泊施設など各方面と連絡を取りながら、統制ある施設計画、その実施を行う機関として金剛山協会が設立されたのである。既存の施設や設備を結びつける役割という点から、この協会の設立は、植民地政府による金剛山観光の完成期に当たるといっても過言ではない。この協会の組織は、具体的には以下のようになる。

　「会長1名、副会長2名、幹事若干、評議員若干、監事若干となっており、会長には、朝鮮総督府の政務総監が推薦される。副会長及び幹事は、評議会の推薦により会長が委嘱し、評議員及び監事は会長が委嘱する」（金剛山協会第十三条）（岡本、1932：298）。また、「顧問は評議会の推薦により会長が委嘱することになっていた」（第十五条）（岡本、1932：99）。しか

し、この金剛山協会の設立時からの役員及び顧問に限って、第十三条、そして第十五条の規則にそぐわなくても、会長が委嘱することができた。このことは、この協会が朝鮮総督府と深い関わりがあったことを示している。深い関わりというよりも、その組織メンバーの構成などから、むしろ、名称が変わっただけで、ほとんど同じ組織であったといっても良いだろう。

3. 金剛山紀行文

3-1. 内地人の金剛山観光

　内地人の金剛山観光には『朝鮮金剛山探勝記』（菊池、1918）がある。京元線全線開通の1914年から金剛山に関する旅行記や探勝記などが多く出版されるようになり、金剛山は日本において広く知られるようになる。植民地朝鮮における金剛山に関する文献は、紀行文、案内書、紀行文と案内書をあわせたもの、の三つに分けることができる。内容は金剛山の観光案内だけではなく、歴史的・地理的・地質学的・民俗学的な内容にまで及ぶ。当時の紀行文では、金剛山を朝鮮の代表的な観光地として紹介し、絶勝、名勝など絶賛を惜しまなかった。

　小説家であった菊池幽芳は、1917年6月に金剛山を観光し、同年7月に大阪毎日新聞に金剛山探勝記を掲載した。1920年代に入ると、内地の新聞や雑誌などに金剛山紀行文が掲載されることが多くなるが、まだこの時期は観光客も少なかったこともあり、新聞に紀行文を掲載することは稀であった。菊池は翌年、『朝鮮金剛山探勝記』（菊池、1918）を発行している。彼は、この本の序に「日本にはまだ殆んど紹介されていないと云ってよい、この世界的な名山の面影を私の筆が幾分でも伝える事ができれば幸いである」（菊池、1918：序）とし、金剛山探勝記を発行する理由について書き、金剛山を世界的な名山として評価している。菊池は、「朝鮮の金剛山は最近内地で知られ出したが、事実においてはまだ殆ど紹介されていないと云ってよい。内地人より却って外国人の間に知られて居る位でその奇

勝を世間に伝えたのも寧ろ外国人である」(菊池、1918：1)と言っていることから当時日本では金剛山はそれほど知られていなかったと思われる。

菊池は、「金剛山の最初の探険者―或意味より云えば発見者―は世界的な旅行家として知名の英国のMrs Isabella Bishopで、彼女は23年前―1894年―金剛山を探険し、その著書の中に明快流麗な筆を以て金剛山の絶勝を説いた」(菊池、1918：2)としている。金剛山の風光に憧れていた菊池は、金剛山を知っている人には必ず金剛山のことを聞くほど金剛山に関心があったので、ビショップ夫人の『朝鮮とその近隣諸国』を読み、金剛山に対しての関心がより深まったと思われる。菊池は、ビショップ夫人の金剛山旅行感想の以下の部分を引用している。「たしかにこの11哩間の美は世界の如何なる渓山の美にも超越して居る……ここでは記實の筆は只1個の目録に過ぎない。美のあらゆる要素を以て充たされたこの大規模の渓谷の現在は、只恍惚として人を麻痺せしむるのみである」(菊池、1918：3)。日本人により書かれた金剛山紀行文や案内書には、ビショップのこの部分が多く引用されている。菊池の紀行文もその後に発行される日本人の金剛山紀行文や案内書にも多く引用されることになる。また菊池は、「内地で金剛山に一番近い小さな模型を求めればそれはまづ耶馬渓を挙げる外はない。けれども百の耶馬渓を以てするもなお金剛山の雄大怪奇を説明する事は出来ぬ。それほどに金剛の渓谷は豪壮であり、複雑であり、崇高であり、神秘である。これを世界的名山とするに何人も異存があらうとは思はれぬ」(菊地、1918：8)と絶賛している。

菊池が金剛山を旅行する際、朝鮮総督府鉄道局から案内者が派遣された。当時、朝鮮総督府鉄道局にとっては金剛山観光に積極的であったので、知名度の高い小説家の金剛山旅行を支援したのは当然のことと思われる。菊池は、紀行文の中に朝鮮総督府鉄道局が運営しているホテルや交通便の紹介また諸費用まで詳細に記載している。朝鮮総督府鉄道局としては金剛山を旅行し、このように紀行文が刊行されると大変良い宣伝材料になるため喜んで日本からの旅行者に協力したのである。宿泊は鉄道局直営の金剛山ホテルに泊まるが、当時金剛山周辺の日本旅館の宿泊料金は2円以

下であったが、金剛山ホテルは1泊5円もした。他の紀行文からも宿泊料の高い金剛山ホテルや長安寺ホテルに泊まった記述が多いことから、鉄道局直営のホテルなら安心できるので高くても直営のホテルに泊まったと思われる。菊池は、金剛山で風邪をひき、朝鮮は乾燥しているためのどをいためたとしているが、当時朝鮮旅行中に風邪やお腹の不調など体調を崩す旅行客が多かったようだ。日本より乾燥しているためのどを痛めたり、食べ物や水変りなどで腹痛になったりすることが多かったと思われる。

菊池は、10日間金剛山旅行をしたが、頂上にも登っていないうえ、新金剛も見ていないので金剛山を十分見るためには15日間は必要とし、見物に15日も必要とする山は日本のどこにもないといい、「金剛の連峰は、変化と内容とに富み、無限の美を包蔵して居る」（菊池1918：177）と言っている。その上で菊池は、名山の資質を備えながら交通の不便と宿泊施設の不備を改善するため、朝鮮総督府鉄道局が一層金剛山の経営に積極的であるべきだと主張するなど、金剛山観光化にも関心を示している。また、朝鮮総督府の支援や協力を得て金剛山観光をしたからか、紀行文の最後に以下の文を残している。「朝鮮鉄道局（南満州鉄道会社）は本年より金剛登山交通の便路を開き、元山（葛麻）温井里間、平康長安寺間に自動車を直営開通せしめた外、長安寺極楽殿を改修しホテルを経営する事となった。金剛登山者に取っては大いなる福音であろう。左に同鉄道局から届いた探勝日程及び費用を上げて登山希望者の便に供する」（菊池、1918：1）とし、費用や列車時刻、金剛山回遊探勝券の案内などをしている。朝鮮総督府鉄道局は、金剛山探勝に関する探勝日程や費用などの諸事項を、菊池が発行する金剛山探勝記に掲載してもらったことが、彼の「金剛山探勝記の後に」から察することができる。朝鮮総督府鉄道局が、内地からの著名人の金剛山観光を積極的に支援した理由がここにあったのである。彼らを通して、金剛山を内地に宣伝させる目的があったと考えられる。

有名な歌人である若山牧水が、朝鮮旅行をしたのは1927年5月である。旅行の動機について『牧水・朝鮮57日間の旅』を書いた上杉は「そもそも、朝鮮紀行の動機は借金の返済に迫られたからであった。かの「詩歌時

代」の損失も馬鹿にならなかったが、それより重く響いたものは土地の購入や住宅新築の際の経費で、その頃まだ１万６千円ばかりの借金があったのである。……それでできることといえば筆一本で稼ぐ揮毫頒布しかなく、この年の２、３月頃から朝鮮行きを真剣に考え在鮮社友には頻繁に手紙を出したりして、準備万端を整えていたのである」（上杉、1999：12）と述べているように、仕事の必要に迫られてのことであり、自ら望んでいたわけではなかったかも知れない。「彼は体が悪く、特に旅行には致命的と言えるほど足が悪かったのである」（上杉、1999：12）。若山牧水（牧水）が「行きたさは行きたし、近来ひどく弱っている自分の健康は気になるし、暫く迷ったが、介護役に妻を同伴することにして愈々出掛けることにきめた」（牧水、1958：295）と述べているように、当時には珍しく夫人が同行した理由も彼が病気であったからだった。「午前中、手伝ってもらって２、30 枚の揮毫をした。こういう所にきてこういう拙い字を書き散らすことかとそぞろに悲観しながら、半裸体になり、コップの酒をあふりつけつつ片附けた」（牧水、1958：312）。

　釜山に着いた牧水は、「東来温泉」に宿泊する。「浴室も附属しており、静かで、有り難かった。初めて大陸の一端を踏んだこの夜を、大いに楽しんで酔うて更かした」（牧水、1958：290）と述べている。当時、東来温泉は温泉地として知られており、朝鮮総督府鉄道局の鉄道旅行案内にも紹介されている。日本人が経営している旅館も多く、牧水も日本人が経営している「鳴門旅館」に泊まっている。東来温泉で会った、朝鮮人に対する印象について「朝鮮人は男も女も実に勇ましく歩く。着ているものは割にきれいだし、内地に来ている所謂鮮人などとは非常に異なった印象を受けた」（牧水、1958：294）。

　当時、内地に住んでいる朝鮮人のイメージは非常に悪かったようだが、朝鮮を旅行して朝鮮に住んでいる朝鮮人に会って彼は朝鮮人に対するイメージが変り、寧ろ愛情を示すようになる。牧水が朝鮮人の次に関心を表したのが、朝鮮家屋などの「家」であった。汽車の車窓から見える朝鮮人の家を見て「鮮人部落が車窓に見える。まんまろくして小さい藁屋根の下

に出入りしている彼らの姿も悠々そのものである」(牧水、1958：294) といい、訪問先の珍島[33]では「帰ってゆくうしろ姿を見やりながら私は行くともなくそのあとに従うた。鮮人部落の中を一度通って見たいと思うていたからである」(牧水、1958：301)。車窓から見るだけでなく、実際朝鮮人の家を見たいという彼の朝鮮人の生活や文化に対する関心の高さが表われている。

　珍島では、朝鮮人と接する機会が多くあった。最初は、招待者の別荘まで行くために雇った「チゲ」という、運び屋との出会いであった。チゲに対して「チゲとは云っても髪を結び髭を垂らし、中にはまさしく我が朝の竹内宿禰を見るごとき堂々たる骨格の老人もいた」(牧水、1958：302) と感心していた。このチゲに牧水夫人は、謝礼として一人当り50銭という大金を渡す。50銭というのは彼らの日当と同じぐらいであった。朝鮮旅行で、牧水夫人は朝鮮人に対してとても優しい心遣いをしている。例えば、別荘地の村に子供達がいることを知らなかったため、お土産を用意しなかったことを悔やみ、わざわざ人に頼んで次の日に持ってきてもらい、村の全員の子供、大人にまでお土産を渡した。牧水夫妻は、経済的に豊かであったからそのようなことをしたのではなかった。借金の返済のために病弱な体を引きずって旅行をしているぐらいであった。金剛山に行く途中の村でも子供にさりげなく洋菓子を渡していた。なぜこのようなことをしたのだろうか。牧水夫妻には、日本においてきた小さい子供たちがいたようで、その子供たちのことを思い、子供に優しくしていたこともあっただろう。しかし、金剛山行き汽車の中で大人の朝鮮人男女にお弁当をねだられ渡すなど大人の人にも優しかった。一般日本人の観光客が朝鮮人とはほとんど接触していないのに対し牧水は、かなり多くの朝鮮人と接している。上記でみてきたように珍島では、招待者との関係もあり朝鮮人と接する機会があった。また、金剛山までの旅程においても汽車の中や道で朝鮮人と接している。それは彼が朝鮮人に興味と親近感をもっていたからでよ

---

[33] 韓国の南海岸に位置する島。

りその機会が多かったと思われる。

　金剛山を見回った牧水は岩に文字がいっぱい彫ってあることに対し大変残念に思い、そして日本にこのような習慣がないことが幸いだと思っていた。

　金剛山はそれなりに誉めていた牧水であるが、海金剛についてはその名声に劣る景色に失望したと述べている。金剛山は奇岩絶壁として、ある程度のすばらしさは認めたが、海金剛の風景は海に囲まれている日本の風景を知る日本人としては見慣れた平凡なものにしか思えなかったのかもしれない。

　日清戦争、日露戦争後、日本人による朝鮮、中国、満州旅行が盛んになる。当時日本人が朝鮮、満州を旅行したのは、戦勝地を訪問することで、拡大された日本の勢力を確認し、その誇りを追体験するためであったと思われる。このようなことがうかがえる部分が満州、朝鮮の紀行文にしばしば表われる。当時、満州、朝鮮を旅行し、その紀行文を朝鮮みやげとして出版することが一般人のなかでも頻繁に行われていた。その１冊が藤山の『鮮支遊記』である。

　藤山が朝鮮旅行をした目的は、1929年朝鮮京城で行われた「朝鮮総督府施政20周年記念博覧会」に参加するためであった。藤山は、慶州を経て金剛山旅行に行くが、「朝鮮金剛山の名は私は古くから聞いて居たが、今度始めて行って、評判以上に其景色が雄大であり、怪奇であり、造化の妙手に眞に驚嘆した」としている（藤山1930：17-18）。藤山は、「鮮人の素質」について「さて私は考へたのであるが、鮮人は今や我が同胞と言いながら我国と比すれば、実に文化の程度は低い。生活の状態も如何にも憐れな状態である。日本に併合以来は、長足の進歩を遂げたとは云っても、なかなか未だそう立派な生活はして居ない」といい（藤山、1930：15-16）、朝鮮人の生活が実際そうであるとしてもあまりにも朝鮮人を見くびっているような文章である。しかし、金剛山の景色に対しては、「雄大であり、造化の妙手に感嘆した」など、惜しみなく絶賛している。

　朝鮮で働いている知人や親戚を訪ねるついでに金剛山観光や朝鮮旅行を

する人もいた。1931年に朝鮮を旅行した森山は朝鮮旅行の理由を「倅等夫妻が久しく西鮮に居る関係から今年十六になる高等女学校四年の孫に両親を省せしむべく伴なった」(森山、1932)と、朝鮮旅行をしたためた紀行文を、ごく少数の知人に配った。金剛山観光については、前述の菊池の紀行文をそのまま引用する部分もあり、菊池の金剛山に関する紀行文を読んでから金剛山観光に行ったことが覗えた。特に菊池の紀行文は、これ以外の紀行文でも頻繁に引用されていることから、朝鮮総督府の意図していた宣伝効果はそれなりにあった。

3-2. 日本植民地における朝鮮人の紀行文

植民地朝鮮を代表する作家である李光洙は、『金剛山遊記』(李光洙 [이광수]、1998) を出版している。彼は、金剛山を2回旅行した。最初は1921年8月3日から15日まで、夫人と二人で旅行をしている。夫人は病気をした後だったようだが、当時朝鮮において、夫婦同伴での旅行は大変珍しいことであり、ソウルから金剛山までの旅行はさらに珍しいことであったと思われる。早くから新文明に目覚め新しい思想をもった彼だからできたことだと思われる。実際、1930年の新聞記事に「金剛山婦人紅葉狩り(タンプンノリ)は早めに」という記事があるように、李氏朝鮮後期にはタブーだった女性の旅行が、植民地朝鮮以降は一般的になったものと思われる。彼の2回目の金剛山旅行は1923年の夏休みを利用したものであるが、この時は、友人4人と行っている。1921年の金剛山紀行文は、『新生活』という雑誌に1922年から連載され、後に単行本として出版された。漢字も使っているが、ハングルで書いたことで多くの人に読まれた。

李は、朝鮮近代文学の先駆者的な存在で、1910年代から1930年代までに多くの名作を残した小説家である。金剛山紀行を連載しはじめた1922年は、李が参加していた朝鮮独立運動の本山である上海臨時政府に、幻滅を感じ帰国した年であった(李光洙 [이광수]、1998:213)ため、金剛山紀行文にも影を落としている部分がある。戦後、親日派と言われるようになった李の、朝鮮民族に対する思いなどをこの紀行文から見ることができ

る。

　李は、初の金剛山旅行をした1921年4月に東京から朝鮮に帰国し、韓国で2番目に女医になった夫人と結婚している。同年8月に金剛山旅行をしていることと、結婚まもない新婚であったことをあわせて推測すると、彼の紀行文の中には触れられていないが新婚旅行の意味もあったと思われる。

　ソウルから元山行きの汽車に乗り、鉄原を通り、高山駅で降りる。高山駅から長安寺までは自動車で行く。鉄道と自動車を乗り継いだ旅行である。当時、鉄道と自動車の連携は朝鮮総督府鉄道局と共同で運営された。1931年になると金剛山電気鉄道が内金剛山駅まで開通し、内金剛山から長安寺まではわずか2キロメートルしかないが、当時はまだ金剛山電気鉄道は開通していなかったので、京元線[34]の高山駅から長安寺までは自動車で連結していたようだ。しかし、道はあまり整備されていなかったため、走行は苦労したようだが、以前はこの道は歩くか、驢馬に乗って通行していたのである。2回目の旅行ではソウルから元山まで行き、長箭を通り金剛山に入った。次の文章は、李の書いた紀行文の一部である。

　　朝鮮同胞は血分[35]と脂肪が不足しています。所謂、気不足、血不足です。医学と法学を学ぶ人が各々千に近いが、まだ著書一冊なく、博士論文一編書く者もいないほど学理を探求する頭脳の明晰と野心と勇気もなく、広い太平洋・大西洋に火輪船一隻出す考えもなく、そののみ・蚊くさい、倒れそうな藁葺家をすべて撤去し、煉瓦、大理石で二、三階の立派な建物を建てようとする気力もありません。ただもたもたします。手のひらにつ

---

[34] 李が金剛山旅行をした1921年の京元線は、本線の線路そのものは龍山から分岐しているが、列車はすべて南大門駅から出発し－西氷庫駅－往十里駅－清涼駅－倉洞駅－議政府駅－徳亭駅－東豆川駅－全谷駅－漣川－大光里駅－鉄原駅－月井里駅－平康駅－福渓駅－剣拂浪駅－洗浦駅－三防駅－高山駅－龍池院駅－釈王寺駅－南山駅－安邊駅－葛麻駅－元山駅の訳227kmであった『朝鮮鉄道旅行案内』。
[35] 血の栄養的分量。

ばをつけ鉄の塊のようなこぶしを力強く握り、民族万年の道を開けようと
する意気もありません。このような不足症にかかった彼らに処女地の神霊
なる草と水を飲んで育った牛肉と牛乳を長服させる必要がありますか、あ
りませんか。(李光洙、1998：15)。

　彼が、大光里駅周辺の高原の草原を見て牛を育て、ソウルの人々に食べ
させたいという思いから書いたものである。この文章に、彼の朝鮮民族に
対する憂慮が表れている。

　　渓谷に沿い五里に一軒、十里に一軒、ヒキガエルのような山家があり、
　麻畑があります。ある家は長い間主をなくし、半分偏り、ある家は屋根の
　草が地面の草より大きくなっています。半分腐っている水車はいつ回った
　か分かりません。実に悲惨な農民生活だと思います。十三道、その多くの
　山奥にこのような生活がないところがなく、それも足りないから間島まで
　行き、このような貧しい生活をしなければなりません。間島というと、一
　望無際な平原、沃野万里に主のない土地だけだと思う人が多いが、我同胞
　がいるところは大概ここと同じような山奥です。陰深水頻漲　田曉年易荒
　　と古人が言っているように、なんの生活の安全もない生活をしていま
　す。そのような同胞が数百万人に上ることは考えるだけで鳥肌が立ち胸が
　痛みます。(李光洙、1998：15)

　各地域の住民の生活、特に農民の生活を哀れみ嘆いた記述から、当時の
貧しい生活をしていた朝鮮民族に対する彼の同胞愛が見られる。
　宿泊に関しては詳しく書いていないが、彼は夫人と一緒に旅行した1回
目の金剛山旅行では、朝鮮総督府鉄道局が運営しているホテルには泊まら
ず、普通の旅館に泊まっている。一人で旅行した2回目はお寺に泊まり、
前から知り合いであったお寺の僧侶や同行した知人と談話をしている。
「我々は面白い話、悲しい話、僧侶の話、大臣の話、金剛山に拝みに来ら
れた奥様の話、義兵の話、日兵の話、死ぬところを生き返った話など、限

りない話で時間を過ごした」(李光洙、1998：172) と言っている。旅館に泊まった時より、僧侶や一緒に行った友人といろいろな会話ができたようだ。

　金剛山を2回旅行した李は、「2回も金剛山を訪れたが、まだ金剛全景の3分の1か、4分の1を見たに過ぎない。金剛山を全て見ようとすると3回から8回程来ないといけない。しかし、これだけでも地球の誇りである金剛山の概略を見たので、高麗国[36]に生まれた甲斐はあったかも知れない。私の拙劣な鑑賞力と筆力ではあるが、我が愛する祖国の誇りである金剛山の美しさを描いたことは、大変光栄と思い、私の拙劣が金剛山の美しさを間違って伝えたとしても、素晴らしい金剛山に変わりはなく、誰でも見ようと思えば見ることができるので、金剛山に対する私の表現があまりよくなくても、それほど大きい罪にはならないだろう」(李光洙、1998：212) と書いており、金剛山を世界的に自慢できる山であり、朝鮮の誇りであることを強調している。

　前述の李光洙と同じく、著名な文学者であった崔南善は、『金剛礼賛』(최남선저・황역 [崔南善著、ファンヨンジュ訳]、2000) を出版している。この紀行文が書かれたのは、1920年代半ばであった。彼は、朝鮮植民地時代の後期に、日本の植民地政策に加担したことで、親日派とされたこともあるが、1919年に3・1独立宣言文を草案したという事実から考えると、誰よりも愛国心が強かったと思われる。1920年代半ばに、彼が金剛山に行き、紀行文を書いたことは、その紀行文で、朝鮮人の愛国心を掻き立てさせるためだったのではないだろうか。彼は、『金剛礼賛』で「金剛山は、地文的奇異さと絶妙さは世界唯一、世界共通の美的財産である。世界の誰でも国土に対する自負心も金剛山の前では顔をあげることができないだろうから、他の何よりも金剛山を朝鮮の代表にすることは少しも不自然ではない」とし、「金剛山は我々が物見遊山で行くところではなく、巡礼

---

[36] 中国詩人が言ったといわれる、「高麗国に生まれ金剛山を見ることが一番の願いである」の高麗国を示している。

すべき聖なる土地である」（최남선저・황역［崔南善著、ファンヨンジュ訳］、2000：24）と述べている。彼は、金剛山を朝鮮、そして朝鮮民族の精神的な象徴であるとし、金剛山を通して朝鮮民族の誇りを訴えていた。

　金剛山までの交通に関しては、「交通が発達していなかったかつての金剛山観光は、あまりよいものではなかった。しかし、現在では朝鮮内であれば1日か2日で、この金剛山に来ることができるほど、交通は発達している。しかし、汽車、電車や自動車の利用により、杖を持ってわらじをはいて、ひょうたんをもって旅行した時のロマンが喪失された。しかし、金剛山が急速に一般化されたのは、新しい文明が朝鮮人を豊かにした象徴的な出来事なのではないだろうか」（최남선저・황역［崔南善著、ファンヨンジュ訳］、2000：35）と言っている。彼は、金剛山のロマンがなくなったとしても、一般の人が金剛山に観光できるようになったことに価値を置いた。金剛山は、「外金剛」、「内金剛」、「海金剛」と区分されていたが、日本植民地時代に、「新金剛」をある日本人が新たに発見したとされていたことに対して、彼は、このように言っている。「ある無知な日本人がすでに知られていた土地を、知らずに新金剛と名前をつけてしまった、これは、非常に腹だたしいことである」（최남선저・황역［崔南善著、ファンヨンジュ訳］、2000：164）。このように、彼は、日本政府、そして日本人に対して文中で批判している。また、日本人によって、もともと「萬物草」と呼ばれていた植物が発音が同じであったため、間違って「萬物相」とされてしまったことに対して、「元の萬物草という名称を害する行為である」と言った（최남선저・황역［崔南善著、ファンヨンジュ訳］、2000：245）。彼は、序詩―山王―で以下のように詠った。「ヒマラヤ、アルプスなどの世界の名だたる山も金剛山に顔をあげることはできない。一番の山を選ぶ投票の結果、やはり金剛山が一番であった」（최남선저・황역［崔南善著、ファンヨンジュ訳］、2000：15-22）としている。このように、彼の金剛山を世界で自慢できる民族の誇りとしている表現はいたるところにみることができる。

　また文一平により書かれた「東海遊記」（문저・정우영편역［文一平著、

チョンウヨン編]、1998)は、1933年から7年間、朝鮮日報の顧問だった文一平が、金剛山の周辺の地域で講演を行うことになり、講演の合間に金剛山を旅行して書いた文章である。筆者は、ジャーナリストであると同時に歴史学者であった。最初、海金剛に岩を見に行った。非常に奇異な場所であり、岩石美の極致にいたると絶賛した。

　文は、七人の知人たちと一緒に金剛山を訪れた。その知人の中の一人は医者で、もともとソウルに住んでいたが当時はこの金剛山で開業していた。植民地政府によって金剛山が観光開発されていった過程で、ソウルから金剛山への移住が増えたようである。金剛山を訪れる観光客目当てに、医者、旅館関係者など、観光開発に関わる人々がソウルから移住してきたようである。当時の朝鮮人は、朝鮮人同士で旅をしていた。そして、日本人は、日本人同士で観光するのが一般的だったようである。朝鮮人と日本人が一緒に金剛山を訪れることはあまりなかった。雨が降って、外を観光できないような時は、温泉に入るのだが、温泉の外には商店が多く並んでいた。この商店街で売られているものは、日本で作られ、日本から持ってこられたものであった。当時、金剛山には「金剛飴」、「金剛煎餅」、「金剛饅頭」、「金剛羊羹」など金剛山に因んだお菓子などを商品として販売する「亀屋商店」をはじめ様々な商店が並んでいた。その中でも、亀屋商店は『金剛山探勝案内』(亀屋商店、1926)まで出版していた。

　文一平は、外金剛を観光した時、日本人男性と朝鮮人女性が旅の道中で、出会い、恋愛関係に発展した例を聞き、内金剛では、朝鮮人男性と日本人女性が愛をささやき合っているのを見たと書いた。文は、金剛山にも朝鮮人と日本人が恋愛対象として付き合うというこの時代の流れがみられるのだと感じたという。

　温井里から萬相亭までの道は整備され広くなっていた。そして、その道には、自動車が通っていた。そのことで自然環境が破壊された。観光開発によって引き起こされたこのような実態はまことに遺憾であると述べている。観光開発は、確かにすばらしいものであるが、自然やその景観が失われることは、非常に残念であると述べている。また彼は、金剛山の滝は、

中国や日本にあるものとは比べものにならないほどすばらしいと言っている。かつて新羅が高麗に無条件降伏する際、誰も反対する者がいない中で、新羅第56代敬順王の息子であった麻衣太子一人が「国を他国に簡単に渡すことができないので戦う」(문저・정우영편역［文一平著、チョンウヨン編］、1998：188）と主張したが、達成できず失意に陥った太子は金剛山に入り一生を終えた、という歴史を取り上げ次のように言っている。「戦うことを力説した太子はその主張が聞き入れられず、失望した太子は金剛山に入り生涯を終えたと言う。しかし、これは正史に書かれているもので、伝説に現れる太子は、金剛山で国を取り戻そうという運動を行い、内・外金剛山の多くの地名にその影を思わせる。伝説の方が事実を伝える場合もあるので、これから見ると太子は一生をかけて国を取り返そうと尽力したのではないだろうか」(문저・정우영편역［文一平著、チョンウヨン編］、1998：188）としている。また、「新羅の運がつき滅びる際、太子一人が戦おうとした。天運を取り戻すことはできなかったが、その精神は後世に残るだろう」とし、最後まで国の存続のために戦おうとした太子の精神を称えている。

4. 植民地統治政策としての観光

4-1. 満州・朝鮮への観光「視察」

　植民地初期の段階においては、当時の満韓の地理、国土、気候、交通を知る目的の視察が盛んであった。視察するのは官僚だけではなく、時間と財力のある実業家も多かった。それは植民地政策と無関係ではなかった。当時「視察」というのは実際観光を意味するものであった。韓国併合前後の「観光団」の「観光」という言葉は「他の土地を視察すること」の意味であったが、のちに「視察団」に変わったのは、「観光」が遊びの旅行というイメージがあったため、「視察」という言葉が使われるようになったのであろう。1910年代に入ると西洋から入ってきたツーリズムの意味の観光は、韓国併合前後と植民地政策が本格的になるのに伴い、その旅程や目

的が変化していくようになり、視察という言葉に代わっていったのである。視察には公務のニュアンスがあり、朝鮮総督府も満韓視察団などに対して積極的に協力したのである。その視察の目的は、満韓への殖民、開拓に投資するのは臣民としての務めであり、実際に見聞することでその意欲を高め、また植民地において名士扱いされるなどして視察者が優越感を感じていた。さらに言うと、このように、殖民、開拓を勧奨する満韓視察団の目的は大きく二つに分けることができる。まず第1に、日露、日清戦争後の戦跡地を訪ねることにより、日本は日清、日露戦争に勝利した列強国であり、広く世界に目をむけなければならないという優越感と開拓への意欲を与えることであった。

　第2には、植民地化によって朝鮮が開発されたということと、朝鮮人を勤勉な良民に変えなければならないと、自覚を持たせること、すなわち、遅れた朝鮮人の実態を見せることにより、日本人が彼らのために朝鮮を統治しなければならないと思わせ、植民地統治の正当化をはかることも視察の目的であった。このような目的のために、視察が頻繁に行なわれたと思われる。

　韓国併合前後から、満州・朝鮮への観光団が結成され満州・朝鮮への旅行が多く行われていた。新聞社主催が最も多く、実業団体をはじめ各種団体などの主催の観光団が結成されていた。

　日本人の最初の海外団体旅行が満韓巡遊船である。朝日新聞が主催した満韓巡遊船は、1906年7月25日から8月23日の30日間の日程で行なわれた。1906年の6月22日に朝日新聞紙上で大々的にこの企画が発表され、その4日後には、定員をすべて充たしてしまったというほど大変な人気であった。389人の参加者は、すべて男性で、大阪から参加する人が最も多かった。次に、多かったのは、東京からの参加者であった。参加者の職業を見てみると、商業従事者が最も多く、次が学生であった。この旅の旅程は、以下のようになっていた。まず、横浜を出発し、神戸、大阪を経由して、呉に向かった。途中の神戸では、日露戦争で活躍した船舶を製造していた川崎造船所を見学し、呉でも海軍工廠を見学した。その後、門司で若

松製鉄所も見学した。ここまでの過程を見てみると、この前半の旅程は、日露戦争勝利の原動力であった工業力・軍事力を見学することに目的が置かれていたように考えられる。日本で、その工業力・軍事力を見せた後、韓国の釜山へ向かい、その後、仁川—京城—平壌という経路をたどる。ここでは、日清戦争の戦跡を見学した。そして、大連—遼陽—奉天という日露戦争の戦地を見学することで、参加者たちは、その日本軍の勝利という歴史的事実を実感したのである。そして、日本軍によって支配し、帝国を拡大する必要があるということを、その地を観光することで伝えようとしたものだと思われる。この旅行の過程の中で、参加者と現地の人々との交流は全くと言っていいほどなかった。それは、付き添いの軍人や朝日新聞の社員、そして現地の日本人会の人々によって、現地の朝鮮人を意図的に隔離していたからだと考えられる。古くから、文化などにおいて密接な関係を持つ朝鮮、中国の人々には参加者の方も興味を持っていなかったようである。

　このような満韓巡遊船の旅を、有山は以下のように考察している。「満州、韓国は、日清戦争・日露戦争の戦勝という歴史的記憶が埋め込まれた土地であり、同時に今や帝国日本の「皇威」の実現する土地、さらに今後の日本の勢力が拡大進出すべき土地であった。満州・韓国は、帝国民にとって過去、現在、将来を貫通する特別な物語が語られてきた土地であるからこそ、旅行すべき土地だったのである。旅行は、帝国日本の達成という物語を最前線の現地において視認する旅行と位置付けられていたのである」(有山、2002：47)。つまり、この旅行は、人々に帝国民としての意識を強めることを目的に企画されたものであると考えられる。

　下野新聞社主催により栃木県在住実業家34名の満韓観光団が結成され、1909年9月3日に栃木を出発し、9月30日まで朝鮮、満州を視察する。その翌年、詳しい視察目的、参加者、日程、感想などが書かれた『満韓観光団誌』を発行した。

　『満韓観光団誌』によると視察団は、朝鮮、満州の土地の産業、経済の状況を知るため、現地の商業会、役所、有力者の家で歓迎会が催され、懇

談が行われた。何に投資するのが有望かということについての情報の入手が中心であり、それも主として日本人を相手の取引を前提とし、朝鮮人と取引するという意識はなかった。即ち土地も人も日本人によって開発されるべきものという認識である。朝鮮人を主体的な人間としてとらえないで、どうにもならない人たちだから指導してやらないといけないというようなことが、『満韓観光団誌』には繰り返して述べられている。一部の朝鮮人の上流階級の人について、風雅を解し品性があり、また日本語を良くあやつることを誉めているが、一方で彼らの賄賂行為について批判をしている。視察団が会った現地の日本人は、理事官、商業関係者、事業成功者が主であり、自分の事業を展開する上での互いに利益関係が得られるような人たちと交流をしていた。

　朝鮮人の側の交流者はと言えば、観察使、郡守などの権力者が中心であった。『満韓観光団誌』には、どこに行っても国賓級の歓待を受けたこと、日本と朝鮮の両国民の歓迎を受けたことは繰り返し書いているが、一般の朝鮮人との交流に関しては書かれていない。彼らが会って話をしたのは一部の上流社会の人々のみであった。その中で、平安南道観察使の李は歓迎会の席で「栃木県の実業家諸氏と会見するの機会を得たるは、誠に望外の光栄なりと」語っている。韓国の有力者にとっても、日本からの視察団と会う事は、光栄なことであり、利益になったと思われる。

　韓国の仁川では、日露戦争の際のトリヤーク号の撃沈場所や当時の状況について聞き、日清戦争の際の戦死者を祀った神社を訪れ参拝した。平壌では日露戦争の戦死者の墓地に参拝した。

　以上のような、実業家の視察は、殖民、開拓のため満韓の地理、国土、気候、交通を知る視察であった。朝鮮・満州には官の力だけではなく、民の力の投入が必要であるから時間と財力のある者が、満韓への殖民、開拓に投資するのは臣民としての務めであり、実際に見聞することでその意欲を高めさせた。また名士扱いされることで優越感を感じていたようである。このように、殖民、開拓を勧奨する満韓視察団の目的は大きく二つに分けることができる。

まず、日露、日清戦争後の戦跡地を訪ねることにより、日本は日清、日露戦争に勝利した列強国で、小さな島国にとどまらず世界に目をむけなければならないという優越感と開拓への意欲を与えることである。また、朝鮮人は長い間の悪政のため、また怠慢な性質のため、荒廃疲弊しているので日本人が入ることで豊かに進歩し、人心も勤勉な良民に変えなければならないとの自覚を持たせること。即ち、遅れた朝鮮人を見せることにより、日本人が彼らのために朝鮮を統治しなければならないと思わせ、植民地の正当化を図ることが視察の目的であった。

　なぜ、朝鮮総督府が朝鮮への視察を積極的にすすめ、また協力的であったかについて、最も良く分かるものが、朝鮮総督府政務統監の水野錬太郎の演説である。1921年に全国中学校長たちが満鮮視察のために立ち寄った朝鮮で設けられた歓迎会席上で、「朝鮮は日本の領土であるにも係わらず、割合に朝鮮の事情が内地によく了解されて居らぬと云う感もありますが、今後社会に活動すべき青年、すなわち諸君などの教養されて居るところの青年の人たちに対しまして、朝鮮の事情を良く理解することは、帝国の朝鮮に対する関係においても、また我々が朝鮮を統治していく上におきましても、極めて必要なることと存ずるのであります」と述べた（朝鮮総督府、1921：1）。朝鮮を統治するために朝鮮を知るべきであり、特に青年たちに朝鮮を理解してもらう必要があるとしているのである。また「諸君のなかには朝鮮へは始めてお出になった方も多かろうと思いますので、この機会において、朝鮮の事情並び朝鮮統治の方針などについて、概要を申述べて諸君のご参考に供したいと思うのであります」（朝鮮総督府、1921：1）と述べている。

　要するに朝鮮総督府の統治方針を知り、理解してほしいということである。換言すれば視察団に朝鮮総督府の統治をアピールしていたのである。さらに、「日本にも接近して居るし、又支那にも境を接して居る、更に近くは露領とも地帯を接して、それらの諸強国の間に介在していたのでありますから、従来朝鮮は独立国の当時におきましても、或は支那に貢献し、或は日本と結び、時に依れば露西亜にも款を通ずると云うようなわけで、

政治上はもちろん経済上においても、その他の事柄においても、それら諸強国との間に色々な関係を有し、非常に錯雑した因縁があったのであります。朝鮮が他国の勢力圏内に移ることは、我が日本帝国の地位に重大なる影響を来たすと云うことは申すまでもないのであります」（朝鮮総督府、1921：2）と力説している。つまり、朝鮮統治の正当性について述べていた。さらに、「幸いにして日本の保護の下において、朝鮮は漸次開発され、朝鮮人の幸福は段々と増進した」（朝鮮総督府、1921：3）と、朝鮮総督府の政策により朝鮮が豊かになってきたとアピールしていることから朝鮮への視察の積極的なすすめは、植民地統治の正当性と政策の成功をアピールするためのものであったことが明らかとなろう。初期の満州・朝鮮への観光は、日清、日露戦争に勝ったプライドの確認と未開の国、遅れた国を植民地にし発展させるためのものだったが、植民地統治が成熟の時期にくると植民地政策の成功の確認のために朝鮮・満州を旅行していたのである。

4-2. 満州・朝鮮への修学旅行

　白幡は、修学旅行が師範学校により始まったことについて「注目すべきは、初期の修学旅行を実施した団体に師範学校が多かった点である。将来、国民教育に直接たずさわることになる人物、未来の教師たちをまず教育し、その身体鍛錬を行なうという意義が考えられたのだろう。新しい教育科目として修学旅行は、師範学校によって率先して取り入れられた」（白幡、1996：14）と述べている。

　1884年には、埼玉県師範学校の「生徒之遠足」があり、1885年には同学校の「擬行軍」が実施されるが、これが日本における修学旅行のはじまりであった（修学旅行協会編、2003：159）。翌年、大坂府師範学校の「行軍」と、福岡県豊津中学校の「遠足会」が行なわれる。修学旅行という名称が使われるのは1886年である。『修学旅行のすべて』には、「修学旅行記という記事が『東京茗渓会雑誌』第47号（19年12月）にある」（修学旅行協会編、2003：160）と述べている。また「埼玉県師範学校では、2月、

寄居付近に一泊の遠足を実施、兎狩りを行う。校長以下が百名参加した。第一高等中学校（旧制一高）は春季休業中に、府中地方へ二泊の行軍旅行をし、演習を実施する」（修学旅行協会編、2003：160）と述べている。修学旅行は、現在も使われている「遠足」と、軍事的なイメージが浮かぶ「行軍」の名称であったようだ。

　1887年になると修学旅行はますます普及する。修学旅行対象地は、博物館、動物園などがあった。最初の海外への修学旅行は1896年兵庫県立豊岡中学校の満韓旅行であった（修学旅行協会編、2003：162）。「1902年には、福岡市商業学校が行商旅行を行なった記録が残っている」（修学旅行協会編、2003：164）と、述べられていることから、学校教育の延長線で修学旅行が行なわれたことが分かる。

　1906年には、文部省と陸軍省の共同事業で全国中学校合同満州旅行が実施されるが、その目的は中国東北地方の日露戦争の戦跡めぐりのためであった（修学旅行協会編、2003：164）ことから、新聞社などの主催による一般人の満州、朝鮮旅行と同様、日露戦争戦跡地を旅行することであった。学生たちにも日露戦争に勝った戦跡地を見せ、日本に対する自負心と、日本領土の広さを見せるための旅行であった。

　1906年には広島高等師範学校も満州・韓国の修学旅行を実施する。その旅程と目的を考察してみよう。この修学旅行の目的は、『満韓修学旅行記念録』において、当時の広島高等師範学校校長であった北條時敬が以下のように言っている。「満韓地方を歴視して多種の学術的問題に接触したり。また教育を職務とすべきものの立脚よりみて。また多様の問題を附興せられたり。満韓地方の旅行すでに終わりて、今なお彼地方の實景が吾人の胸臆に徘徊するのは、これら実際問題が吾人に抱持せられて常に其講究解答を待ちつつあるが為なり。即ち吾人の学術的さらに教育的思想上に活動的態度を有らせしむるものにして。何の利益か之より大なるものあらんや」（北條、1907：14-15）。この文章中に出てくる問題とは、武力を以って発展したる国勢伸張を確立するに必要となる基礎は何か。植民地の国民の性格はどのようにして養うべきか。外国人との安寧幸福を共有して海外に

信義を維持し、そして上位に立つべき商業者の素養はどのようにすべきか……劣等人種を愛撫する情念とを養うことは移住国民に対し目下要求すべきか、など様々な問題が含まれているが、このような問題の解決が一番の利益とされていて、それこそがこの修学旅行の目的というのである。また、陸軍少尉伊崎良凞による南山戦況講和筆記には、以下のようなことが書かれてあり興味深い。「諸君は満韓の天地に俯仰し忠臣義士が熱血をそそぎ、身命を君国に致したる幾多現戦場の跡を歴訪して果たして如何なる教訓を成得せられたるか。……況や諸君は帝国民兵の制度によって他日必ず武器を手に入れたる名誉なる御国の任務を負い、一旦緩急あらば、義勇公に奉すべき日本男児たるをや。なお況や帝国の前途の盛衰消長ことごとく懸かって諸君の双肩にあるをや」（北條、1907：456-457）。

　ここでは、しきりに国を背負うものとしての自覚がうながされていたことが分かる。次に、この修学旅行の行程を見てみる。1907年の7月1日に文部省によって満韓地を旅行するものに対して多大な便宜を与えると提示されている。7月6日になると旅行申し込み者が150名余りになった。旅行者の骨格検査、衛生上の講話、整列服装検査などを行った後、19日に出発した。大連、旅順、営口、遼陽、奉天、鐵嶺の各地を歴視し、分かれて昌圖の府市、撫順の炭坑等の概況を目撃し、又一小部隊の安泰輕便鉄道により、韓国に出た（北條、1907：1）。8月15日に、日本へ帰国した。この旅行団の構成は、以下のようになっていた。まず旅行団は、本部と団体に分かれており、本部は、おもに教授陣であった。一方、団体は、英語部、地理歴史部、食物化学学部、国漢、博物学部、豫科それぞれの学生が占めた。本部、団体合わせて総員140名であったという。修学旅行の目的は日露戦争に勝った日本の偉大さと、戦争のために亡くなった人たちを称えることによって国に対する義務と愛国心を向上させることであった。さらに、満州、朝鮮を植民地として統治すべきであり、どのように統治するべきかについて調査することが目的であった。

　同年行なわれた、神戸高等商業学校の朝鮮旅行は朝鮮地域のみが対象地とされたこともあり、満州、朝鮮の両国を旅行する時より、訪問地も幅広

いものであった。また、調査内容も、朝鮮に関する政治、経済、宗教、教育、産業など多岐に亘ったものであった。旅行目的について「韓国が我国の保護国たるべきことに関しては世界各国の将に公認するところであり、今後日韓の関係は益々密接になるに至るべく遂に韓国は日本内地の延長として考えられ、盛に此地に殖民し開拓を行い教育し指導する責任を有するものと云うべく」（神戸高等商業学校、1906：1）、「50日の休業を利用して深く韓国内地を旅行してその現状の一般を知らせることが目的」としていることから（神戸高等商業学校、1906：1）、上記の広島師範学校と同じ目的で朝鮮を旅行したことが分かる。朝鮮への修学旅行は、1920年代に入ると益々増加する。1920年7月号の『朝鮮』には、同年5月の1ヶ月間の国有列車利用団体旅行客は21,408人で、そのうち学生団体は16,900人であったという記事がある。休み中でもない5月にこれほど多くの団体学生が旅行をしていたことから修学旅行が一般化されていたことが分かる。

4-3. 朝鮮人の日本への観光

植民地政府は、日本人に満州・朝鮮旅行を進めたのと同様、満州の中国人・朝鮮人に日本への観光を積極的にすすめていた。「内地観光団」と「内地視察団」などの日本への観光団は、新聞社、朝鮮総督府、その他各種団体などの主催で行われていた。最初の内地への観光団は、韓国併合の年の1909年「京城日報」主催で実施された。有山は、「京城日報は、当時大岡力が社長を務めていたソウルの日本語新聞で、自他ともに認める韓国総督府の機関紙であった。そうした新聞社が組織した観光団であるから、単なる物見遊山の観光ではなく、政治的狙いを持っていたことは明らかである。観光団のメンバーはいずれも韓国政界の有力者で、しかも親日的な一進会に属するものは一人もおらず、反日的傾向が強い大韓協会員が八割方を占めていた。反日的、嫌日的な韓国政界官界人に日本の強大さを見せ、切り崩そうとする工作であったとされる」（有山、2002：157）と述べている。

1934年、李王家御慶事記念會主催内地学事視察朝鮮女教員団が日本へ

派遣された。そもそも、李王家御慶事記念會とは、「極東の平和―延いては世界平和、人類文化の貢獻のために日韓併合ということはお互いの幸福に大なる一歩を進めたのであったが、李王家と梨本宮家の御行事はまたさらに歴史的なご英断でわれらはそのあまりに深き御思し召しに恐倶之至りに堪えない、これに發奮して多少の内鮮融和の進めに盡したい」（北川、1934：8）との趣旨から設立された会である。また、この視察団としての目的は、報告書で以下のように書かれている。「短時日の中に最善の努力をなし、以って有益有効に母国の進歩せる文化の吸収に努め、わけても皇国精神の顕揚に目覚めつつある我国民が如何に精神的に蘇りつつあるか、などに親しく接したく」（北川、1934：1）とある。要するに、内鮮融和を進めるとともに、日本の権威を見せつけるという狙いがあった。

　実際に、どのような旅程で行なわれたのか。次に、この視察の内容についてみていくことにする。この視察団は、名誉団長の柳原吉兵衛をはじめとする3名の日本人、幹事の京城槿花女学校教員の金東玉とそれぞれの学校から集められた団員18人から成り立っていた。一行は、4月20日に釜山を出発し、5月7日までの20日間で、京都、伊勢、東京、日光、奈良、大阪、堺、宮島をまわった。具体的には、伊勢皇太神宮、明治神宮の参拝。新帝国議事堂の見学、首相官邸での斎藤実首相夫婦による接待を受けるなどした。奈良では、奈良女高師の二十五周年記念式に参列し、大阪では知事官邸別館で官民多数の歓迎を受ける。このような旅程を終えて、団員達は、報告書の中で様々な感想を述べている。以下に主なものを取り上げてみた。「内地の児童は幼き時より家庭において父母の慈愛の教育を受け、父母と共に神の教育を受け、成長するにますます敬う心養われ、神社崇拝の念が培われ、全国民の信仰の心に集中し、之により国民的精神は統一され、純化され国家的観念が啓培される」（北川、1934：82）「われらを守る兵隊さん、教育の完成は立派な兵隊に仕立て上げること」（北川、1934：84）などといったものが見受けられる。

　このようなものに共通するのは、日本の優等性を感じとっているということである。また、この視察団に参加した女性達が、教育関係者というこ

ともあって、この視察で見てきたものを朝鮮の地で実行するだろうということを考えると、この視察団の目的のひとつである、内鮮融和を進める一助となったと言えるだろう。

4-4. 博覧会と金剛山観光

　1907年の東京勧業博で、朝鮮館の隣に建てられた水晶館で朝鮮人男女ふたりを浅黄色の服装で徘徊させたことについて、吉見俊哉は『博覧会の政治学—まなざしの近代—』で、「20世紀に入ると日本においても博覧会は、たんに新しい『文明』を垣間見、技術を習得していく場という以上のものになっていた。日清・日露戦争による植民地の獲得と資本主義の発展を背景に、日本の博覧会は、次第に「帝国」として自国の地位を植民地の「未開」との距離において確認する装置になっていったのである」（吉見、1992：214）と述べている。

　崔も、1929年朝鮮で開催された「朝鮮博覧会」について、「日帝が単に国内・外的に朝鮮の発展された姿を見せようとした行事ではなかった。どのような博覧会であれそれなりの意図と目的があり開催されるが、朝鮮博覧会は植民地下の状況の中で、朝鮮博覧会史上初めて異民族が企画した全国的な規模の視覚的な知が作られた教育の場であった」（최석영［崔錫榮］、2001：33）とし、「日本は視覚的で映像的な展示方法を通じ、日帝＝支配権力（恩恵を与える立場）、朝鮮＝従属的な立場（恩恵を受ける者）という両極的なイメージを演出しようとした」（최석영［崔錫榮］、2001：34）と述べている。朝鮮関係の博覧会が日本植民地政府により、意図的に演出されていたことや博覧会開催や展示意図が帝国主義的な発想があったとしても、博覧会が朝鮮への観光客誘致に影響を与えたことは否定できない。

　1922年に行われた東京平和記念博覧会で、朝鮮館をつくり、そこで京城の妓生12名が踊り、様々なところから招待を受け、会食し踊りなどを披露するが、『朝鮮』には、「単に朝鮮芸術の紹介の目的を全うしたのみではなく、夫れ以外に、又ヨリ以上に、内鮮衷心よりの親和融合上に少からざる好影響を興へたることは信じて疑わぬのである」と掲載されている。

新聞「萬朝報」の評論には、「内地人に一層朝鮮の実情を了解させ内鮮融和を図るのが目的で東洋活動写真館で朝鮮の実況を撮映する外、金剛山の実景や妓生踊りもあり」(『朝鮮』1922年7月号72ページ) と掲載している。また、この博覧会では金剛山の風景をパノラマで陳列していた。
　「朝鮮事情宣伝の目的で、朝鮮館案内・朝鮮事情・朝鮮絵葉書各種の朝鮮産業紹介票其の他の印刷物を夫々の方面に配布した。印刷物の種類は凡て36種で、最近までに配布した数は実に33万に達したというから、恐らく全国の津々浦々までも周知せしめたことと思われる」(『朝鮮』1922年7月号72ページ) としていることから、博覧会が朝鮮を宣伝する目的と観光客誘致の役割を果たしていたことがうかがえる。
　1929年には京城において「朝鮮博覧会」が行われることになる。この博覧会の目的は「彊内における施政各般の状態を一場に展示以て本府経営20周年の実績を明らかにし、且つ将来の発展に資し、又彊内外各地の出品により相互紹介に便することに在るが此の機会に彊内数人士に朝鮮の実視を乞い朝鮮に対する正しき理解を得、朝鮮の開発に寄与せられんことを切望して已まないのである」(『朝鮮』1929年朝鮮博覧会記念号 (第173号) 朝鮮博覧会に際して、斎藤実総督) と述べているように、総督府施政の20年の実績を内外に宣伝することが目的であった。
　古来より、多くの紀行文や詩、絵などが残されていることから分かるように、金剛山は高麗時代から李氏朝鮮時代に至るまで優れた景勝地であり、日本植民地以前からすでに遊覧地としてのその名が確立していたことが前章で明らかになった。李氏朝鮮後期になると身分制度の崩壊などにより金剛山観光は必ずしも上流社会のものではなくなった。また、外国人による金剛山に関する紀行文が発行され、それが日本にも紹介されるようになり、世界的に有名な、奇岩絶壁が朝鮮にあることから、日本人が是非行ってみたい景勝地として知られるようになった。このようにすでに名勝地として知られていた金剛山は日本植民地政府が、観光施設を整え観光客を呼び込み観光化させることのできる素地が充分にあった。しかし、交通をはじめ観光設備が整備されていなかったため、誰でも手軽に観光できる

わけではなかった。現代的な意味での、すなわち観光事業としての金剛山観光は日本の植民地政策によって始まったものと考えられる。

　戦後、韓国における日本植民地時代の研究は、日本の植民地政策への批判を基調としたナショナリズム色の強い研究が主流であった。日本植民地政策による韓国近代化への評価などを主張することは大変困難な社会的雰囲気であった。例えば金は、「日帝は1929年世界経済恐慌から逃れるために1930年代に入り本格的に大陸侵略戦争を開始した。彼らは大陸侵略のため植民地朝鮮において日本の独占資本、特に軍需工業を建設するために莫大な資本を朝鮮総督府の恩恵と保護の下で朝鮮に進出させた。日帝は産金奨励政策を中心に多大的に地下資源を略奪し港湾・鉄道などの軍事施設を拡大させていた（김용정［キムヨンジョン］、1998：127）。としている。このように韓国における日本植民地時代の研究は、植民地政策の批判が中心である。それ故に、日本植民地政府の観光開発が、独立後の韓国にも引き継がれており、現在の朝鮮半島の観光の近代化に影響を与えているという観点からの研究はまだ充分になされているとは言えない。

　本章では、この観点を視野に入れた上で、日本植民地時代にインフラの整備など金剛山が開発され、大衆観光化されていく過程について分析する。また、日本植民地政府が積極的に金剛山観光開発を行った意図は何であったかについて検討する。

　永渕は、「植民地政府が観光事業へ積極的な姿勢を示したのは、政府にとって観光が経済的な利潤以上のものをもたらす魅力的な対象であったためである。その魅力の1つが統治の正統性の確保という政治的意図を実現する場としてであった」（永渕、1996：35）と述べている。またインドネシアにおいて「バリ人に伝統文化を押しつけ、それによって民族運動へと人々を誘う近代思想からバリ人を遠ざけようとした」（永渕、1996：38-39）とし、植民地政府がバリ文化保護政策を取ったのは、植民地政策の良き統治者であることを示すためであったと主張している。バリ植民地における文化保護政策の延長線にバリ観光開発があると言える。

　バリ島における植民地政府の意図と、朝鮮における植民地政策とは重な

第 2 章　日本植民地と金剛山観光開発

る部分があり、博覧会や文化保護の延長線に金剛山観光開発があったと考えられる。これと関連して「朝鮮総督府も朝鮮の古跡や文化財保護に積極的な政策を取り、植民地支配を正当化した」（최석영［崔錫榮］、1997：250-251）とする研究もある。また崔は、日本植民地時代のある「観光名所化」開発過程を取り上げ、朝鮮における観光名所化の理由は古代日本と朝鮮との関連性を図るためであったと主張している（최석영［崔錫榮］、2003：129）。また、植民地下の朝鮮人の日本視察団や観光団を日本植民地政府が積極的に推進した理由として、「日本植民地支配下において、萎縮した朝鮮と第 1 次世界大戦を契機に豊かになった日本を比較させ、日本の強大さと朝鮮の自立不能を内包した独立不能論を朝鮮人の頭に認識させる政治宣伝の意図」（강동진［姜東鎭］、1980：49）があったと述べている。このように、植民地と観光開発を論じる際、植民地政府の意図として植民地統治の正当化を挙げることが多い。永渕、崔錫榮、姜東鎭らの指摘は、植民地朝鮮における日本植民地政府の観光政策を考察する上で示唆的である。

　金剛山は植民地以前から遊覧地としてその名を確立していた。しかし、近代的な意味での金剛山観光の開発は、日本の朝鮮総督府によるところが大きい。この時期に、通信、宿泊施設、観光客誘致のためのパンフレットや観光映画が作られた。「高速・大量輸送を実現した鉄道は、近代ツーリズムの勃興の基盤であり牽引役だったが、植民地台湾でも、鉄道の充実とともに鉄道利用者の著しい増加が認められる」（曽山、2003：85）。鉄道の発達が近代ツーリズムの勃興となったことと同様、金剛山周辺の鉄道の整備は金剛山観光客の増加及び金剛山観光の近代化の牽引役を果たしていたと言える。

　1930 年には、交通や宿泊、通信など個々のインフラを結びつける為に、朝鮮金剛山協会が設立され、金剛山観光は成熟期を迎えた。このような金剛山観光の開発の背景には、朝鮮総督府の植民地政策を宣伝するという思惑があった。金剛山は、近代以前から朝鮮の景勝地、遊覧地として有名だったが、観光設備は不十分であった。この地を、日本が近代的な観光

地に仕立て上げることは、広義には、未開の地としての朝鮮を日本が植民地支配し、開発していくように考えられていた。そういった意味で、金剛山の観光開発の成功は、日本の植民地政策の成功とも言えたのだ。朝鮮総督府が博覧会を主催し、積極的に出展していた目的は、朝鮮に対する植民地政策が成功しているのを日本や外国にアピールするためであったことが資料などで明らかである。また、植民地政策の成功は植民地支配の正当化のアピールでもある。博覧会と同じように観光も植民地政策の宣伝に利用された。金剛山観光開発も同じ脈絡でとらえることができる。すなわち、朝鮮総督府が積極的に金剛山観光開発をしたのは、植民地政策成功の宣伝のためであり、それは植民地化を正当化することにもつながる。

　本書では、博覧会の開催や観光開発は植民地政府の意図や目的があったことを認めながらも、これらの観光開発が曽山のいう近代ツーリズムの発展につながったこと及び、それが戦後も引き継がれてきていることに注目しておきたい。

第3章

北朝鮮における金剛山観光

1. 体制維持と観光政策

1-1. 社会主義国家と観光政策

　植民地朝鮮の北朝鮮地域における観光開発は、朝鮮総督府の観光政策に基づき積極的に行われていた。その中でも、古来から景勝地としての評判が蓄積されていた金剛山は、より力を入れた観光開発対象地であった。戦後、38度線の北側に位置するようになった金剛山は、日本植民地時代に開発され、景勝地としてのイメージが一層確立され記憶を、どのように引き継いでいるのだろうか。戦後、二つに分断され韓国人にとって、北朝鮮は未知の世界となった。その北朝鮮を一般韓国人が観光できるようになったのは、1998年の金剛山観光開放が最初であった。北朝鮮はなぜ、金剛山を韓国人向けの最初の観光開放地に選んだのだろうか。また、韓国政府及び金剛山観光を推進してきた韓国の会社「現代グループ」が、北朝鮮に対して金剛山を開放するように要請したのはなぜだろうか。

　本章では、戦後北朝鮮の領土となった金剛山が北朝鮮にとって、どのように位置付けられていたのか、植民地時代に観光開発されたことがどのように引き継がれているのかを検討する。また、金剛山観光開放に至り北朝鮮・韓国政府及び現代グループそれぞれの思惑は何であったかについて検討したい。

　「北朝鮮の海外観光客誘致は1956年頃から始まったとみられるが、そのほとんどが政治目的のための体制宣伝手段として活用されてきたため、北

朝鮮当局の必要により選別的に外国人観光客及び訪問者を受容してきた」（한국관광공사［韓国観光公社］、2002：1）と述べているように、ある限られた国や人が対象ではあったが、北朝鮮は朝鮮戦争後早い段階から観光客を受け入れていたと思われる。

　最近、北朝鮮をはじめとする社会主義国家やその他の国はそれぞれの事情により、従来は閉鎖されてきたが、現在においては観光開放の選択を迫られている。1980年代から部分的ではあるが1956年頃よりは積極的に外国の観光客を受け入れはじめた北朝鮮は、1998年からは民族の分断という特殊な状況を利用したかたちで韓国人を対象に観光開放政策を行なった。

　世界で自由に観光できない国家体制は大きく三つに分けることができる。その一つが、数少なくなったキューバをはじめとする社会主義国家がある。二つ目にはミャンマーのような独裁軍事政権である。そして三つ目にはブータンのように長年鎖国してきた国である。北朝鮮は、社会主義・独裁政権・閉鎖国のいずれの条件にも当てはまる。江口は社会主義国キューバの観光を取り上げ、「キューバには観光資源が実にたくさんある。社会主義国キューバという看板そのものが観光客を引き付ける。残された数少ない社会主義国という『秘境』だからである」（江口、1998：195）と述べている。キューバの観光は閉鎖された社会主義国、自由に往来できない国だからこそ魅力があると言える。それらの国が観光を政策として考慮しなければならない要因は2点考えられる。第1は、外貨の獲得である。キューバにおいても、革命後のキューバでは観光を否定的に捉えられていたが、アメリカの経済封鎖、旧ソ連の崩壊、砂糖栽培の低迷などによる経済危機が深刻になり、社会主義体制維持そのものが危機に瀕しているため、外貨獲得のひとつの手段としてどうしても観光を開放するしかなかった。未知の世界である社会主義国家キューバは観光客にとっても魅力的な観光地であり、キューバ政府にとって観光客は魅力的な外貨収入源でである。第2は、体制の宣伝のために観光開放政策をとる必要性があったことが挙げられる。また北朝鮮も同様に、「北朝鮮が正常な方法及び短

第 3 章　北朝鮮における金剛山観光

期間で外貨を獲得する道は観光資源を商品化し対外的に開放せざるえない」(고유한 [コユハン]、2002：29)、また「北朝鮮は、強い大国の建設のために"キューバ式観光開放"を通して短期間に多くの外貨を獲得しようとする」(고유한 [コユハン]、2002：31) と主張しているように、北朝鮮の観光開放目的は体制維持のための外貨獲得という点において、キューバの観光開放政策と類似している部分がある。

1-2. 体制宣伝と観光

　北朝鮮の観光ガイドブック『朝鮮観光』には、北朝鮮の首都であり最も多くの観光客が訪れる平壌地区の観光案内を「平壌は朝鮮民主主義人民共和国の首都にして政治、経済、文化の中心地であり観光の中心地である」(国家観光総局、1997：30) とし、その見所として第一に金日成銅像を中心とした記念碑的な建造物の紹介をしている。

　マンスデ大記念碑は1972年金日成の誕生60周年に建てられたもので、彼の巨大な銅像を中心に記念塔と大型壁画がある。北朝鮮国家総局から招待を受け、北朝鮮における観光現状を視察した梁春香は、「ピョンヤン市内の観光名所は革命記念物が中心です。金日成主席の銅像に行くと、献花と合掌をしなければなりません。これでは巡礼の旅のようです」と言い、「現在、北朝鮮観光のリピーター客を期待することは難しいでしょう。なぜなら、ピョンヤン市内観光は革命施設が中心であるため、一度見れば十分、また見る気にはなりませんから」(梁春香、2001：5) と語っている。

　「北朝鮮観光を商品という視点から見た場合、いろいろと問題があり、北朝鮮の政治体制の中で観光を行うという理解が必要です」(梁春香、2001：4) と言い、「現段階での北朝鮮との観光交流は特別な形態、特殊な交流であることを認識する必要があります。なぜなら、日本の観光はマス・ツーリズムの形態ですが、この認識では北朝鮮と観光交流はできないと思います。友好、交流拡大という姿勢で北朝鮮を訪問しなければなりません。そもそも観光とは商品ですが、このような認識は全然ないようです」(梁春香、2001：4) と言っている。体制宣伝としての観光政策を行

なっている北朝鮮は、多様な観光商品の提供や開発に積極的に取り組めない社会状況であると言える。それは、国民の生活を見せたくないことと、住民と観光客との接触を許したくないという体制事情によるものである。このことは、金剛山観光にもあてはまることである。

金日成の死後建てられた「クムスサン記念宮殿」は、在日朝鮮人の祖国訪問の際をはじめ各国外国使節が必ず参観を求められるようになっている。一般観光客も半ば義務的に参観させられているが、「クムスサン記念宮殿」は北朝鮮体制の宣伝に最もよく利用されている。

金剛山には、金日成やその夫人を称える標識碑が数多くある。金日成は金剛山をはじめて訪問し指導をしたとされる1947年から1981年まで6回金剛山を訪問しているが、それを記録した標識が金剛山に多くある。この標識を立てる事業は彼の息子の金正日によって行なわれたものである。北朝鮮の思想、スローガンなどは自然の岩に彫られたものが多く、金日成一家の功績を称えるものはそれとは別に標識を立てている。この標識は、北朝鮮においては大変重要な意味を持っており、神聖視されている。金剛山を訪問する韓国人観光客にもこの標識に対して、粗末に扱うことを許さない。標識を指で指したり、座ったり、物を掛けたりすることは処罰の対象になる。標識碑は、金日成一家を称える内容のものを、新たに作って建てるものであり、岩に彫られたものは、金日成一家を称える内容に加え、北朝鮮体制を称える内容である。

金日成は、「岩に観光客の名前を彫ることがあってはいけません。多くの人が金剛山に来て岩に名前を彫ると金剛山の景色と自然に損傷を与えます。そのため岩に名前を彫ることがないように厳しく警戒しなければなりません。岩に次世代の人々に残す良いスローガンを彫ることは悪いことではありません」（김일성［金日成］、1976：449）と、金剛山を視察した際に演説している。観光客が岩に文字を彫ることは許せないが、北朝鮮の体制の宣伝のためのスローガンは彫っても良いという相反することを述べている。常に体制の維持のための教育を観光客に行っていることがうかがえる。

第3章　北朝鮮における金剛山観光

図5　金日成を称えている文句が彫られた金剛山の岩[37]

　在日朝鮮系の新聞、『朝鮮新報』によると、在日朝鮮人をはじめ、北朝鮮を訪問する外国人が、金日成やその家族のゆかりの地を訪問したという記事が毎日のように伝えられている。在日朝鮮系の人に北朝鮮観光をさせることは単に観光収入を得るためだけではなく、北朝鮮政府に対する忠誠心を高める教育の意味もあると思われる。朝鮮戦争後、北朝鮮に、多くの韓国人が拉致されていた。特に、韓国の漁師が東海岸で多く拉致された。「拉致船員たちに、金日成生家、妙香山、金剛山など30ヵ所あまりの観光をさせ、毎日1時間主体思想、社会主義の優越性に関する思想教育が施された」（『朝鮮日報』、1995年12月30日付）としていることから拉致船員たちの思想教育のために観光を実施していた側面も覗われる。
　「北朝鮮は1956年から一部社会主義国家を対象に体制の優越性を宣伝・広報するために海外観光事業をはじめたが、基本的には観光や旅行を資本主義的な要素とし、住民の対外観光や外国人旅行者の北朝鮮旅行を厳格に制限した」（한국관광공사［韓国観光公社］、2002：10）、といわれているように体制宣伝や外貨獲得のためには観光客を受け入れるが、場所や人など、大幅に制限された形での観光が実施されている。
　一方、金正日は「観光業を行い、資源などを売ってカネを稼いでいては経済を発展させることはできません。観光業を行うと、カネを少しは稼ぐ

---

[37] 筆者撮影。

ことができるでしょうが、それはわが国の現実に合致しません。外資を導入して経済を復興させようというのも愚かな考えです。あれほど困難であった戦後復旧建設の時期も、我々は観光業や外資導入などという言葉を知らずに生きてきました。我々は絶対に他の人のことを聞き入れる必要はありません」[38)]と語っている。1990年代から対外観光政策が実施されるようになり1998年にはかなり積極的に海外観光客を受け入れているにも拘らずこのような発言をしていることは、対外的には観光開放をしているジェスチャーを取りながらも対内的には観光開放をしたくない様子があらわれている。

1-3. 北朝鮮における観光宣伝事業実態

　金剛山をはじめ北朝鮮の観光案内書などは、1980年代から出されるようになった。1981年には『金剛山』（外国出版社、1981）という、ガイドブックが出された。日本語で書かれたこの本は、「発行者寄贈」で大学など日本の各図書館に配布されるなど積極的に宣伝していたことが分かる。また、北朝鮮の観光宣伝通報社が出版している『金剛山』（観光宣伝通報社、発行年不明）は、金剛山の観光案内書であるが、まったく同じ内容と写真で韓国語版と日本語版が出版されている。この中に、金剛山の観光の際、水着で登山している写真が載っているのが特徴的である。韓国人が金剛山観光をする際には破れたジーンズや極端に短いズボンの人には注意をするとされているにも拘らず北朝鮮の案内書にはこのような大胆な写真を載せている。実際の観光とパンフレットとは違うものである。やはりパンフレットは観光地のイメージアップのために作られるものであり、北朝鮮でさえも観光地のイメージアップにこのような写真を載せていることは興

[38)] 金正日北朝鮮総書記が1998年1月16日から21日、6月1日、10月20日に慈江道という地域での各部門の事業を現地指導した際に幹部らに行った談話で朝鮮労働出版社から2001年1月10日に発行された『慈江道の規範に従って経済事業と人民生活で新たな転換を起こそう』と題する本でラヂオプレスが訳して掲載したもの。『北朝鮮動向』第4号、No.328,（2002年3月31日）：7。

味深い事実であり、観光活性化への強い意思があると見ることもできよう。

　金剛山は、外金剛、内金剛、海金剛の三つの地域に区分される。植民地時代には、三つの地域の他に、新しく発見した観光区域を新金剛として別区分されていたこともあったが、現在はこの三つの地域に分かれている。しかし、現在韓国人が観光できるのは、外金剛と海金剛のみである。そのため、北朝鮮は内金剛を観光できない韓国人観光客を対象に、内金剛をも収録しているビデオを製作し金剛山で販売している。なるほど韓国人の気持ちをつかんだうまい商売術である。記念品店で常に上映されていたこのビデオは実際、韓国側が作った外金剛と海金剛を紹介したビデオより良く売れていた。

　「天下絶勝金剛山、見ないと心残りになり、一度見るとまた見たくなる天下絶勝金剛山」と書かれた表紙のこのビデオは、「天下絶勝金剛山の全貌を見ていない人のために外金剛と内金剛、海金剛を全面的に収録した映画です」という字幕とナレーションから始まる。その後、まず、金剛山の四季と季節毎の名前と面積などの説明がある。日本人プロレスリング選手のアントニオ猪木の内金剛観光時の場面が現れる。外金剛では韓国人観光客の登山風景を見せる。また、朝鮮時代の鄭徹の詩を紹介し、5大洋6大州どこにもない景色だと述べる。

　ビデオは、季節毎に綺麗に編集している。韓国人の金剛山観光ガイド（現代グループ職員）のインタビューでは「私は金剛山は9回目です。来る度にいいですね」と答える。また、韓国人の有名な民謡歌手は、「もう死んでも思い残すことはない」など、金剛山に来られたことに対して感激する。それからビデオは韓国人が行けない内金剛の映像になる。内金剛で登場する観光客は在日朝鮮人のようである。一般の北朝鮮の人々と思われる観光客が登場するのは頂上のみである。現在はそのほとんどが消失してしまったが、お寺や遺跡が多い内金剛を紹介した後、最後に、ある外国人が「高麗国に生まれ金剛山を見たい」と言ったと誇らかに説明をし、「この地に生まれたからこの世の中で一番である金剛山を気兼ねなく訪ねることが

できることに民族的自負心を持ちましょう」としている。

このような、韓国人観光客の金剛山を訪ねたことに対する感激や、天下絶勝金剛山などの金剛山に対する絶賛から、南北が共有する名山としての金剛山の歴史的な評判を察することができる。分断国家である二つの国民が共有する金剛山の歴史的な評判により、両国が少し接近していると感じられるのではないだろうか。ここに、金剛山観光が南北朝鮮を結ぶ点としての役割が覗える。

金剛山観光が実施されていた2003年当時の北朝鮮には以下のような観光を扱う機関がある。主に3つをあげてみる。まず、「朝鮮国際旅行社」は、1953年8月24日に創立され、観光客の日程企画、案内通訳などを行なっている（국가관광총국［国家観光総局］、1997：176）。対象地域別に第1、第2、第3朝鮮国際旅行社に区分されている。第1旅行社は中国、香港、マカオ、台湾地域を、第2旅行社は日本、タイ、シンガポールなどアジア・太平洋地域を、第3旅行社はヨーロッパ、アメリカを担当している。朝鮮国際旅行社は、日本では中外旅行社を総代理店としての運営をはじめ、台湾の台北、中国の北京と丹東にも最近海外事務所を設置し、北朝鮮観光希望者のビザ申請代行、旅行カード発給、北朝鮮高麗航空、中国北方航空及び国際列車の搭乗券予約業務を行い外国人観光客誘致に力を入れている。このことから、北朝鮮が旅行関連組織を整備し外国人観光客の誘致に積極的であることが分かる。

「観光宣伝社」は、観光宣伝及び観光ビデオ、観光案内書などの製作、販売をしている。在日朝鮮人や北朝鮮を訪問する観光客に付き添いながらビデオを撮りそれを販売している。撮影制限などが多い北朝鮮でビデオの撮影を行なってくれるために少々高くても購入する観光客が多いようだ。

次に、「国家観光総局」がある。社会主義北朝鮮において観光関連組織はすべてが国家管理であるから、国家観光総局は北朝鮮中央政府管理の観光担当局である。1986年に設立され、北朝鮮の観光政策と観光計画、観光開発などを行う政府機関である。北朝鮮は国家観光総局設立の翌年に世界観光機構（WTO）に加入している（국가관광총국［国家観光総局］、1997：

176)。

2002年には北朝鮮で「アリラン祝祭」が行われ日本人をはじめ外国人観光客のために、日本語と英語のインターネットサイトのHP（ホームページ）を制作し運営しはじめた（http://www.dprknta.com）。北朝鮮への観光案内や観光客の募集、観光関連情報など充実したHPであった。その他では2017年現在、日本人を対象にした「朝鮮旅行企画提案・現地手配・査証代行手続き・高麗航空予約手配・ツアーオペレーター業・その他、朝鮮に関する業務」を行っている会社には、株式会社ジェイエス・エンタープライズ[39]がある。

2. 北朝鮮における金剛山観光の意義

2-1. 日本植民地と金剛山観光

戦後、北朝鮮の政策は朝鮮総督府と旧ソ連の政策を踏襲した政策が行われたと言われている。反面、「観光政策」においては北朝鮮という特殊的な体制もあり、朝鮮総督府のように積極的に推進することはできなかったと思われる。金剛山をはじめ北朝鮮の観光地は、植民地朝鮮時代に開発された観光関連インフラを北朝鮮観光にそのまま使うケースが多かった。

しかし、北朝鮮は植民地時代の金剛山観光開発に対して大変否定的な見方をしている。金日成は、「過去金剛山は権力と富を持っている日本帝国主義者と協力者、地主、資本家達の遊興地として踏みにじられました。日本帝国主義は、我が人民の汗と血をしぼり金剛山のあちこちに別荘を建て、豪華で放蕩に耽る生活をし、朝鮮の人々に牛や馬のように籠を担がせ、金剛山を遊覧していました。誠に憤慨なことです」（김일성［金日成］、1976：445）と述べている。

金日成は、朝鮮人が稼ぐために籠を運んだことを日本人による朝鮮人への搾取であると考えている。また、「日本人は天下絶勝金剛山を自分達の

---

[39] 2017年10月16日 http://js-tours.jp/about より取得。

遊興地、お金儲けの場所に変えてしまった。1919年に、日本人資本家達が設立した金剛山電気鉄道株式会社は鉄原―内金剛までの電気鉄道を開通することによって、多くの金剛山観光客から莫大なお金を稼いでいた。また、日本人資本家達は温井里などに多くの料理店、旅館を建て金儲けをしていた」(사회과학원력사연구소［社会科学院歴史研究所］、1984：82)と主張している。

　日本が交通などインフラの整備を行ったことに対しては、金儲けのためであり、それによって金剛山が遊興地になってしまったと批判している。さらに「日本帝国主義者達は植民地利潤の目的で金剛山の美しい自然を破壊した。また、奴等は1912年から朝鮮人民を酷使し、外金剛山から重石鉱をはじめ各種鉱石を掘り、莫大な量の木材を伐採し、金剛山の自然を略奪、美しい金剛山の景色を破壊していた」(사회과학원력사연구소［社会科学院歴史研究所］、1984：82)としている。また、道路の整備などにより自然が損傷されたことを批判している。金剛山に憲兵分隊を設けたことも「金剛山地区での義兵と人民の愛国闘争を鎮圧するためであった」(사회과학원력사연구소［社会科学院歴史研究所］、1984：81)と述べている。

図6　金剛山の道路（1940年）[40],[41]　　図7　金剛山の道路（1981年）

---

[40] 金剛山協会（1940）
[41] 外国出版社（1981）

第3章　北朝鮮における金剛山観光

　このように、北朝鮮は朝鮮総督府が行った金剛山観光開発政策に対して大変否定的な認識を示している。それはなぜであろうか。それは、金剛山観光が日本により開発され、優秀な観光地になったことを認めたくなかったからだろう。そこには、自分たちの国を植民地として統治した日本に対する反日感情も含まれていると思われる。

　朝鮮総督府の金剛山観光政策に対しては否定的であった北朝鮮も、観光施設はその当時のまま利用している。写真のように、三仏庵の前の風景は植民地の時代と変わっていない。また、金剛山名物であった金剛杖も変わらず同じような形である。いくつかの宿泊施設の新築を除いては、道路も植民地の時に整備されたものである。朝鮮戦争の際に破壊されたこともあり、また北朝鮮が明らかにしていない部分もあるため、日本植民地時代に整備されていたインフラがどれぐらい残っているかを詳しく知ることはできない。しかし、北朝鮮の出版物などからは植民地時代の観光インフラをそのまま使っていることが分かる。例えば、朝鮮総督府鉄道局が建設し運営を行っていた外金剛山ホテルは、戦後も利用されていた（이영숙［イヨンスク］、1989：220）。日本植民地によりほとんどの観光インフラが整備されていたので、その施設をそのまま使用しても観光活動に大きな支障はなかっただろう。

　金剛山観光の際に、韓国人観光客を対象に記念スタンプ帳を販売していた。実際はスタンプがないので、押せないのであるが、このようなスタンプを押す観光サービスは植民地時代にすでに行われていたのを北朝鮮がそのまま模倣していることが分かる。これらのことから、朝鮮総督府の金剛山観光政策を批判しながらも、日本植民地時代の観光開発や形成された金剛山のイメージが現在の北朝鮮の観光事業に引き継がれていることが分かる。

2-2. 民族の名山としての金剛山

　金日成は、「金剛山は実に朝鮮の名山であり、同時に世界的な名山です。金剛山は昔からわが人民に愛されただけではなく世界人民の憧憬の対

象だったのです」と、述べている（김일성［金日成］、1976：444）。金日成も金剛山に対して、民族の名山であった歴史を良く理解していたようだ。『金剛山の歴史と文化』（사회과학원력사연구소［社会科学院歴史研究所］、1984）には「金剛山は長い歴史と文化を持っている朝鮮の名山であり世界的名勝地である。過去搾取社会で輝きを失った金剛山は偉大な首領同志と親愛なる金正日同志の恩恵と愛のなかでやっと人民の金剛山としてその美しさをより輝き絶勝に似合う休養設備と安全な探勝施設が整った楽しい文化休養地として、世界的観光地としてその名を高くした」（사회과학원력사연구소［社会科学院歴史研究所］、1984：12）と、述べている。「金剛山は、数千年前から海外まで広く知られており、特に東洋の国や他の国の人々からも憧れの対象になり、伝説的な存在となった」（이영숙［イヨンスク］、1989：40）。他の出版物にも、金剛山に対する自負心や名山として称えた表現は数多く見られ、案内書やビデオの中にも金剛山の名山としての自負心があらわれていた。

　下記の歌は、美しい金剛山の自然や民族の名山としての自負心を誇る金剛山を表現したものである[42]。

　　1．景色もよいが暮らしもよい　金剛山の谷間は宝の山よ
　　　　ピロボンふもとのサンサムの群れ　オンリュの谷にはベクドラジ
　　　　ああ人民の金剛山　景色もよいが暮らしもよい
　　2．青松の気丈をいだき　万二千の人びとあこがれる
　　　　金剛山をうたう　幸せよ
　　　　ああ人民の金剛山　景色もよいが暮らしもよい

　このように、北朝鮮においての金剛山は自然の美しい名山であることと、北朝鮮にあることの自負心を抱いていることが分かる。この民族の名山としての歴史的な蓄積は、分断後、金剛山に足を踏み入れることができ

---

[42] 朝鮮宣伝通報社、発行年代不明：73。

なかった韓国人にも共通することである。また、韓国人にはこの歴史的な評判に加え、行きたくても行けなかったという、懐かしい金剛山というイメージが内包していた。金剛山観光が南北朝鮮における最初の観光開放地になったのは、このような南北が共有する金剛山の歴史的なイメージと、民族の名山としての金剛山に対する懐かしい気持ちが作用していたからであると思われる。

2-3. 金剛山観光開放と同胞愛

　ある限られた観光客の受け入れや北朝鮮住民に休養の場を与えることに限定されていた北朝鮮の観光政策は1990年代に入り、経済状況の悪化により、外貨獲得という経済的な利益を優先するようになり、大きく変換せざるをえなくなってきた。北朝鮮による外貨獲得のための観光事業は、韓国人にとっては金剛山観光実現に向けて、より確実なものになっていった。

　北朝鮮が韓国人に対して、金剛山観光への門戸を開き、観光が実施される直前に韓国内では野党を中心として金剛山観光実施反対の声があがった。その際、在日朝鮮系の新聞『朝鮮通信』は以下の記事を配信している。

　　「金剛山はその自然景色があまりにも恍惚で神秘的なので天下絶勝の朝鮮の名山、世界の名山である。この絶勝景色の名山を一目見ようと我が民族はもちろん世界の多くの人々が訪ねて来る。しかし、南朝鮮人民たちは近くにいながら、北と南で別れている分裂の壁により金剛山に行きたくても行けない。我々は民族の名山である金剛山を見たがる南朝鮮人民達の切実な心情を考慮し、同胞愛的な気持ちから南朝鮮人民に金剛山観光の道を開くことにした」（『朝鮮通信』、1998年9月25日付）。

　その後も、韓国内に反対の声があがり、観光が中断されると必ず、北朝鮮側は天下の名山金剛山を見たがる韓国人のために開放してやっているの

にと韓国側がその門を閉じようとするのはなにごとか！と批判している。実際海路で金剛山観光する際、港に着くと、最初に目につくものが、「同胞愛的こころで歓迎する」と書かれた垂れ幕で、これをを掲げていることからも、北朝鮮が金剛山を観光開放したのは、外貨獲得のためであるという第一理由を隠し、民族同胞愛の大義名分を大々的に全面に出していることが分る。

3. 韓国の対北朝鮮政策と金剛山観光

3-1. 韓国の対北朝鮮政策の変化と金剛山観光開放

「1960年代まではわれわれの認識の中の北韓は、ソ連の世界赤化戦略路線に沿って誕生した不法的な傀儡政権であった」(통일부［統一部］、1995：55)、と述べているように、戦後、韓国政府は北朝鮮を、一つの国家としてはもちろんのこと、体制そのものを認めていなかった。「1970年代はじめまでは、南北韓間は国際冷戦秩序のなか互いの体制を否定し、対決関係であった」(통일부［統一部］、2003：1)。

一方、1970年代に入り韓国政府は北朝鮮を独立した主権国家としては認めないが、現実的に存在する政治的実体として認めるべきであるという認識が生まれるようになる。その契機は、1970年に発表された「平和統一構想宣言」であり、南北間の対話と交流・協力を視野に入れた最初の動きであった。その要因としては、東西冷戦関係の変化や韓国の経済成長が挙げられる。

1980年代は、国際的な脱冷戦趨勢により南北朝鮮関係においても新しい時代に入ることになる。「時には対話を通じた和解雰囲気が、時には北朝鮮の挑発による緊張が高まる、対決と対話が交差する関係が1980年代まで続いた」(통일부［統一部］、2003：3)。この時期は、北朝鮮を一つの政治的な実体として認めるという考えの上で、民族共同体の一員として受け入れる対北朝鮮観への変化の時期であった。このような風潮の中で、韓国政府は、1982年2月1日に、民族和合のための実践方向として、離散家

族問題や資源の共同開発など20項目の事業を北朝鮮に提議する（통일부［統一部］、2003：3）。この中に、韓国の雪岳山と北朝鮮の金剛山を連携した自由観光の提案が含まれていた。金剛山観光開放への最初の動きであった。しかし、この提案はその後の南北朝鮮関係の悪化により進展はなかった。その後次節でも述べるように、1987年には現代グループによる金剛山観光開発の具体的な計画が浮上するのであるが、この計画も当時、実現には至らなかった。

　1990年代からは、お互いの国家は認めないものの、互いの体制を認め尊重する関係に変化してきた。しかし、北朝鮮の核問題や米韓軍事訓練問題などにより、南北朝鮮関係は必ずしも和解と協力の関係ではなかった。つまり、朝鮮半島の情勢によって、いつでも変わり得る不安定なものであった。そのような状況の中で、1998年に金大中政権が誕生し、北朝鮮に対して以前の政権より宥和政策を取るようになった。その政策を「包容政策」と言い、この包容政策の一環として金剛山観光が実施されたのである。包容政策は、北朝鮮を圧力や対決で抑えるのではなく、北朝鮮を対話の場に呼び出し、協力していくとする政策である。包容政策は、太陽政策とも言われている。いくら冷たい風を吹かせても服を脱ごうとしない人に、暖かい太陽を与えることによって自然に服を脱いだというイソップ童話に因んだものである。冷たい風より暖かい太陽を与えることによって、北朝鮮自らが変わることを期待する政策であった。この包容政策の一環として金剛山観光開放が実施されたのである。

　このように、金剛山観光は北朝鮮に対する韓国政府の政策の変化という政治的な状況の中で誕生したのである。金剛山観光開放の背景を見ることで南北朝鮮関係の変化を見ることができるのである。

3-2. 韓国の政治戦略としての金剛山観光開放

　韓国では、1998年金大中政権になってから北朝鮮に対して本格的に政策をとるようになった。それは金大中元大統領自身の対北朝鮮観にも関係がある。かねてから北朝鮮に対して親和的な考え方をもっていた金大中が

1998年から政権を担当することになり、北朝鮮に対し一貫した「包容政策」を実施した。その、包容政策の一環として、一般の韓国人が北朝鮮の領土である金剛山を観光することができるようになったのである。このような背景の中で誕生した金剛山観光は極めて政治的色合いが濃い観光であった。それは、北朝鮮、韓国政府、現代グループの3者のそれぞれの思惑によって実施されたことと無関係ではないからである。とりわけ韓国政府にとっての政治的目的があったことは明らかである。

　長年敵対してきた北朝鮮に対し、金剛山観光を許可した韓国政府の思惑はどこにあったのか。金剛山観光は、自由主義国家で暮らす韓国人にとっては、あまりにも制約が多い観光であり、海路でしか行く事ができないという理由などで、観光客離れが生じ、金剛山観光事業そのものが危機に瀕したことが2001年後半にあった。同時に、金剛山観光を主催している現代グループの現代峨山という会社が経営危機に陥った。政府の支援なしでは金剛山観光そのものが消滅してしまいそうな危機に際し、2002年1月に韓国政府は以下の3つの対策を実施した。第1に、「離散家族、学生、教師などに対する金剛山観光経費補助」、第2に、「韓国観光公社に対する南北協力基金貸し出し承認」、第3に、「金剛山における外国商品販売所設置許可」であった。つまり、観光客の減少をくい止め、増加を図るために、特定の人々にほぼ全額の支援金を出し、金剛山観光を促し、現代峨山に経営資金を援助し、免税店開設の許可を与え金剛山活性化を図ろうとしたのである。最も現代峨山が希望したことは、金剛山にカジノ施設を建設することだった。このカジノ建設の許可をめぐり、金大中政権における有力な政治家が現代グループ社の会長に賄賂を要求し、その要求に現代グループが応じたことがのちの検察庁の調査で明らかになった。しかし、韓国国内にある政府経営に近いカジノ施設との競争関係もあり、カジノ施設の建設は実施されなかったが、その他の可能な限りの施設の建設許可や支援を韓国政府は現代峨山に行っている。

　韓国政府が金剛山活性化のために支援策や支援金を出してまで、金剛山観光を存続させようとする理由はどこにあるのだろうか。金大中政権は、

北朝鮮に対して「包容政策」に基づいた南北間の和解と協力の政策をとっていた。つまり、食料支援など人道的な支援や、北朝鮮との経済協力など、包容を原則とした政策であった。また、政治的な問題と経済的な問題を分離した政策を行い、それまでの政権とは異なるものであった。この、包容政策から生まれたのが金剛山観光開放であった。いわば金剛山観光は金大中政権の北朝鮮に対する目玉政策であったと言える。また、金剛山観光は金大中政権の包容政策の最初の成果とも言える。そのような状況において金大中政権は政策の成果の象徴的なものと言える金剛山観光を積極的に支援、持続していかざるを得なかったのである。途中でやめるにやめられなかったのである。

　さらに、このような表面的な政治的目的からだけではなく、金剛山観光を積極的に推進した理由が金大中政権と金大中個人にはあった。「観光政策の政治的役割というのは、聞きなれない言葉であるかも知れないが、すでに金剛山観光で明らかになったように観光政策は様々な側面で政治的な役割を果たしている。観光政策が政治的役割を果たした代表的な例である金剛山観光は、南北間の人的交流拡大と信頼構築を通じ、南北首脳会談を成功させるために決定的な役割を果たした」（이장춘［李長春］、2001：73）。金大中は金剛山観光を開放させることにより、北朝鮮との首脳会談実現にまでこぎ着け、その結果ノーベル賞を受賞したい意図があったと思われる。長年韓国の民主化運動を行ってきた彼は、毎年のようにノーベル平和賞の候補に上がっていた。韓国ではそれまで一人もノーベル賞のどの部門からも受賞したことがなかった。そのため、韓国で最初にノーベル賞を受賞することは彼にとって大変名誉なことであった。北朝鮮に和解政策をとり、以前のどの政権も果たせなかった北朝鮮との首脳会談を実現したことで、今までは候補にしかあがらなかったノーベル賞を実際に受賞できたことも確かである。「歴史的な出来事である南北首脳会談の成功背景には金剛山観光が寄与していることは全ての人が認めている」（이장춘［李長春］、2001：74）。分断後初めての南北首脳会談が行われた背景には金剛山観光があると韓国国民が認識していることと同様、金大中氏のノーベル賞

受賞の背景には南北首脳会談の実現があったと考えている。

「現在、韓国国民は北に秘密に送金した2億ドルが実際南北経済協力用途であるか、他の別の理由があって送金したものかについて知る権利がある」（『東亜日報』、2003年2月3日付社説）、とし「政府は南北経済協力用途の送金であると主張しているが、なぜ、今までそれを隠していたのかが疑問である。その疑問は、南北首脳会談の見返りとしての裏金説やノーベル平和賞工作説まで飛び交っている。金大統領がノーベル平和賞の受賞のために北朝鮮に裏でお金を渡し南北首脳会談を行ったという"説"は、その真偽(しんぎ)はともかく国際社会に韓国と韓国人の体面を大きく損傷させることにもなりかねない」（『東亜日報』、2003年2月3日付社説）。この"説"は、南北経済協力用であったと主張する金大中大統領側と、首脳会談を実現させるために莫大な金額が北朝鮮に不正提供されたと主張する韓国の野党側の主張が激しく対立した。この問題は政治的な駆け引きなどがあり事実ははっきりわからないが、金大中政府は、南北首脳会談の見返りと思われる裏金を送金する際に、現代グループの金剛山観光などの対北朝鮮開発資金のように見せかけて、北朝鮮に送金したと疑える余地はあり、観光開発が時の政治権力に利用されたのである。

この他にも、金剛山観光をめぐっては政治家と現代グループの贈収賄などの問題が生じ、その取り調べをめぐって現代グループの会長が自殺するなど大きく韓国社会を騒がせた。宥和政策の裏にあるものは、民族共有の財産である名山金剛山を韓国国民に開放するため、そして同じ民族である北朝鮮に対する和解政策であるとする表向きの大義名分の背後で、政権担当者側は決して表には出せない真の目的を巧妙にカモフラージュしていたのである。

金大中政権の周辺関係者も金剛山観光を理由に現代グループから不正な政治資金を受けていた。このことから、金剛山観光開放と政治資金をめぐる政治と経済の癒着が存在していたことが分かる。これらのことは韓国社会の特徴でもある。金剛山観光を通して韓国政治社会の特徴を見ることができる。

3-3. 離散家族の再開の場としての金剛山観光の役割

　2003 年 11 月に金剛山で行われた南北赤十字会談で、南北離散家族面会所を金剛山に設置することに合意した。「朝鮮の 1 千万離散家族は分断による悲劇である」(崔、1998：322)。分断の悲劇である離散家族の再会の場として金剛山観光が新たな役割を果たしている。2002 年 4 月 28 日に行われた第 4 回離散家族再会は、金剛山で行われたことに意味がある。第 3 回までは北朝鮮の平壌と韓国のソウルで行われていた。

表 5　離散家族面会動向

区分	第 1 次面会	第 2 次面会	第 3 次面会	第 4 次面会	第 5 次面会
面会日	2000.8.15-18	2000.11.30-12.2	2001.2.26-28	2002.4.28-5.3	2002.9.13-18
面会数	1,170 名	1,220 名	1,240 名	849 名	875 名
面会場所	ソウル・平壌	ソウル・平壌	ソウル・平壌	金剛山	金剛山

(통일부［統一部］、2003：220)

　離散家族の再会の場を金剛山にすることに合意したのは韓国、北朝鮮双方の思惑が一致したためである。金剛山を離散家族の再会の場として利用することは、人道的なイメージが加わり、金剛山観光活性化につながるとする両側の思惑である。しかし、金剛山を離散家族の再会の場として、より強く主張した北朝鮮にとって、金剛山で会わせることは都合がよかった。北朝鮮側の家族を韓国に行かせなくてもよくなり、北朝鮮人民に韓国を見せることによる彼らの心の衝撃を心配しなくてよくなったからである。また、韓国の家族に北朝鮮の一般社会を見せなくてもよくなった。すでに観光地として許可している金剛山で会うことが北朝鮮にとっては好都合だったのである。

　それまでの離散家族の再会と異なる点は合同観光である。平壌とソウルで会うときは別々に観光が行われていたが今回は南北家族が一緒に観光をする。3 時間だけの短い時間ではあるが一緒に観光をすることに意義がある。しかし、離散家族再会そのものが政治的な戦略の意味があることを考えると金剛山観光が政治的な戦略に利用されたとも言える。なぜなら、

離散家族面会そのものが純粋に離散家族を会わせる目的だけで合意されたものではないからである。離散家族面会を成立させるためには、経済援助など常に北朝鮮の要求を韓国政府が受け入れてきた。その対価ということで離散家族面会が成立したのである。

　2003年9月に8回目を迎えた離散家族の再会は、離散家族当事者の高齢化や死亡により当事者ではなく、遠い親戚や戦後世代などの再会が増える結果となった。離散家族への再会の願望よりは金剛山観光に、強い興味を抱いている人の方が多くなったのが現状である。金剛山観光カイドのAさんによると「テレビではあのように再会で泣いている様子が放映されますが、離散家族の多くは観光にしか興味がありませんよ」と言っていた。政治的な戦略として、金剛山観光が利用されたが、結果的には金剛山観光の活性化にもつながることになったと言えよう。

4. 現代グループと北朝鮮

4-1. 望郷の念としての金剛山観光

　現代グループが金剛山観光開放計画の構想を試みたのは、金剛山観光が実施された1998年の10年も前からであった。「南北間の金剛山共同開発計画は今まで2回民間レベルで推進されたことがあった。まず、1989年1月韓国の現代グループと北朝鮮の大成銀行はこの地域の共同開発及び観光事業の共同推進を協議した。その結果、1989年1月に元山と金剛山を連携開発し、金剛山を世界的な観光地として開発する構想に合意したことがある。しかし、未だにこの計画は実施されていない。また、統一教の教祖である文鮮明氏が北朝鮮を訪問し、故金日成と面談し、金剛山開発に合意したことがあるが、この合意もまだ実施されていない」(김인영・김재한편［キムインヨン、キムゼハン編］、1999：119)。この他にも北朝鮮と金剛山観光開発を協議した会社はあったが、実際に金剛山観光が実施されることはなかった。

　このような状況の中で1998年6月16日に現代グループの創業者であ

り、当時の現代グループの名誉会長であった鄭周永会長が牛500頭をつれて板門店の軍事境界線を越え北朝鮮を訪問した。金剛山の観光開放は現代グループの強力なアプローチがあった。とりわけ、現代グループの創立者であり、観光実施当時の名誉会長であった、鄭会長の金剛山観光開放への強い意志があった。鄭会長は、金剛山が属している北朝鮮の江原道出身である。そのため、故郷を思う気持ちで金剛山観光を実施しようとしたし、北朝鮮も鄭会長が北朝鮮出身であることに好感を持っていたと思われる。実際、鄭会長に対しては金正日が直接面談するなど、鄭会長一行には手厚いもてなしをしている。金剛山観光は鄭会長の故郷を思う純粋な気持ちが観光開放へと連結させた一つの要因になったと言える。その上「鄭現代グループ名誉会長は、金剛山観光はお金で統一のために有意義的に寄与する事業としてきた」（고유한［コユハン］、2002：31）と述べていることから、金剛山観光開放が統一に寄与するという鄭会長の意図も作用したと思われる。

　しかし、現代グループをはじめ韓国の会社が早い時期から北朝鮮との合意に至りながらも、金剛山観光開放実現にまでは至らなかった過去の経緯から考えると、やはり、北朝鮮政府、韓国政府、現代グループの3者間のそれぞれの意図がうまく合致したからこそ金剛山観光が実施されたと言える。

4-2. 経済的な利潤の追求

　現代グループが金剛山観光を積極的に推進したもう一つの要因は、利潤追求の企業論理からである。現代グループが金剛山観光事業を展開した理由を「今後展開される南北経済協力事業と、経済特別区域の事業に西欧企業にはもちろん、韓国国内の他の企業より先に進出するというグループとしての大きな戦略があった」（전동환［チョンドンファン］、1998：210）と述べているように金剛山観光の主導権を持つことによって、今後の展開が見込まれる北朝鮮の経済事業への優先権の確保にその狙いがあった。実際に、金剛山観光開放後に行われた北朝鮮のほとんどの経済事業を現代グ

ループが行っている。金剛山観光には、このような現代グループの思惑があったのである。

　しかし、このような現代グループの北朝鮮の経済事業への優先権の確保という思惑は達成されたものの、金剛山観光をはじめ、北朝鮮における現代グループの経済事業は、経済成果をあげたとは言えない。とりわけ、金剛山観光事業に関しては、「2001年からは単調な観光日程、インフラの不足などの理由で観光客が減少し、金剛山観光は行き詰まっていた。2002年1月からは観光客が月1千名を割るようになり、それ以上金剛山観光事業を続けることができない状況にまで至る」(통일부［統一部］、2003：157) と述べているように、観光客の減少が続いたのち中断にまで至った。以下は、年度別観光客動向である。

表6　年度別金剛山観光客動向 (1998 － 2003) [43]　　　　　　　　　　単位：人

1998.11-12	1999	2000	2001	2002	2003.11 末	合計
10,554	148,074	213,009	57,879	84,727	66,574	580,817

　観光客減少による金剛山観光事業の危機は、結果的には、韓国政府の支援策により金剛山観光事業は続けられたものの、現代グループが抱える金剛山観光事業の累積赤字は年々増加した[44]。「現代峨山は、金剛山観光で莫大な赤字を抱えている。最初から、営利を目的とする企業論理よりは、対北朝鮮という政治論理に重心をおいた事業計画であったからである。現在までの、現代峨山の損失総額は8,000億ウォンにも上ると推定されている」(『パイナル新聞』、2003年11月17日付)。このようなことから考えると、現代グループが金剛山観光事業を行った意図は、短期的な利潤追求ではな

---

[43] 合計の内、陸路観光28,798名、통일부［統一部］(2003) p.35。
[44] 現代グループは、金剛山事業3周年決算報告の際には、累積赤字が6000億ウォンに達すると発表していた。
　その後は、はっきりした数字を発表していないので、現在までの正確な数字を調べることはできなかったが、現代グループ関係者の発表によると、毎月20～30億ウォンの赤字を出していることから累積赤字は増え続けていると思われる。

第3章　北朝鮮における金剛山観光

く、長期的な視野に立ってこの事業を推進していると思われる。

　本章では、金剛山観光開放をめぐる、北朝鮮・韓国・現代グループの3者間の意図や思惑を検討してきた。また、北朝鮮にとって金剛山の位置づけについて分析した。まず、北朝鮮が金剛山を観光開放したのは、同胞愛を前面に出した外貨獲得の目的、すなわち体制維持の思惑で金剛山を韓国人対象に開放したのである。一方、韓国政府においても、金大中政府の対北朝鮮の目玉政策、すなわち包容政策の一環として金剛山観光開放に積極的であった。また、金大中本人や政権を担っていた政治家達の政治的目的があった。現代グループとしては、故郷を思う気持ち及び金剛山観光が南北交流に寄与し、それは統一の寄与につながるという現代グループ創業者の意志によって推進された。また、今後の北朝鮮に対する経済政策への優先権を獲得したいという企業利潤追求の意図から、金剛山観光開放を積極的に推進したと言える。しかし、現時点では金剛山観光は、赤字経営が続いており、経済的目的よりは韓国政府の政治的な意図によって観光が持続されている。このように、金剛山観光は北朝鮮・韓国政府及び現代グループのそれぞれの思惑が合致して誕生した観光であり、新たな政治的戦略の場としても利用されていることも明らかになった。

　さらに、北朝鮮は朝鮮戦争後、民族の名山としての誇り高い金剛山のイメージを引き継いでおり、日本植民地時代の観光開発の政策に対しては否定しながらも、宿泊施設や道路など観光施設を引き継いでいたことが明らかになった。このような、民族の名山としてのイメージと日本植民地時代の観光インフラの整備は、金剛山が韓国人に対する北朝鮮の最初の観光開放地に選定決定に至ったことに影響を与えたと思われる。つまり、金剛山観光開放が3者間のそれぞれの政治的意図によって実施されたことは確かであるが、この際、北朝鮮の中でも金剛山が最初の観光開放地として選定された要因は、歴史的に形成された南北民族が共有する名山としてのイメージと、日本植民地時代に整備された観光インフラが作用していたのである。

第4章

金剛山観光の観光類型

1. 金剛山観光に関わる諸条件

1-1.「訪北」手続きと金剛山観光に関わる法律

　朝鮮戦争後、北朝鮮は韓国人にとって未知の世界となった。また、民族の名山であり、景勝地であった金剛山も韓国人にとっては未知の世界、神秘の世界となった。その金剛山が、北朝鮮、韓国政府、現代グループのそれぞれの思惑により一般韓国人向けに観光開放されたのである。一方、金剛山観光は観光地域内での観光活動に最も制約が多い観光である。金剛山観光が実施された1998年当時から野党を中心として金剛山観光に対する反対の声があがっている。主な反対の理由は、観光対価など北朝鮮に提供する莫大な資金が金正日個人に入ることや北朝鮮の軍事資金に流れることへの懸念からである。「金剛山観光が交流・協力を促進させ南北和解と平和共存を保障し、金剛山観光を通し統一を成し遂げることができるように宣伝している。観光対価がすべて北朝鮮の軍事費に使われることがあまりにもはっきりしているにも拘らず、金正日の外貨獲得のために2億ドル以上を支援するのである」(김용갑［キムヨンカプ］、1998：3)。しかし、南北交流を強く推進する韓国政府と南北交流を念願する多くの韓国人のため、反対の声が社会の世論にはならなかった。

　先にも述べたように、金剛山観光は観光地域内での観光活動に最も制約が多い観光であった。金剛山観光に反対する一部の人たちが金剛山観光を「するな観光」と皮肉ったほど、制限が多い観光である。表現や、行動に

第 4 章　金剛山観光の観光類型

制限のある観光であり、政治的、社会的な状況によりいつでもその日程が取り消される可能性がある観光である。それでは、金剛山観光は何を売り物にした観光なのだろうか。本章では、金剛山観光が実際にどのように行われ、観光客はなにを求めて金剛山を観光し、観光後の感想は観光前とどのように変化したかについて、筆者が 2002 年 3 月 17 日から 19 日まで金剛山海路観光ツアーに同行して実施した現地調査を中心に分析する。

　金剛山観光は、金剛山観光を独占している現代グループ系列会社である現代峨山が指定した旅行代理店と現代峨山本社で申請することができる。最初は同じ現代系列会社の現代商船が旅行業務を担当していたが、1999 年 2 月からは現代峨山が設立され、現在までこの会社が金剛山観光全般を担当している。申請書は、金剛山観光申請だけではなく「北韓訪問証明書発給及び金剛山観光申請書」となっている。申請書と北朝鮮訪問証明書の発給を同時に申請するものである。「北朝鮮訪問証明書発給」は、韓国政府の「南北交流協力に関する法律」第 9 条及び同法施行令第 10 条によるものである。「南北交流協力に関する法律」は、1990 年 8 月 9 日に大統領令により制定され、2000 年 12 月 29 日と、2001 年 10 月 31 日の 2 回改正された。この法律は、「軍事分界線以南地域（以下「南韓」という）と、その以北地域（以下「北韓」という）間の相互交流と協力を促進するために必要な事項を規定することを目的」としている。韓国と北朝鮮の相互交流のために必要な手続きの規定である。この法律の第 9 条、「南・北韓往来」に関する項目には「南韓と北韓の住民が、南韓と北韓を往来する場合は、大統領令が定めた統一長官が発給する証明書を所持しなければならない」となっている。

　韓国人が北朝鮮を訪問する時は、統一長官が発給する証明書が必要になり、一方、北朝鮮の人が韓国を訪問しようとする場合も韓国統一長官の証明書が必要となる。そのため申請書には、「南北交流協力に関する法律第 9 条及び同法施行令第 10 条により金剛山観光を申請する」という欄があり、申請者は韓国統一部長官と現代峨山社長宛に申請することになっている。

韓国には「南北交流協力に関する法律」があり、北朝鮮を訪問する際には「北韓訪問証明書」の発給をしてもらわないといけない。これを守らないと罰則がある。この罰則は、「南北交流協力に関する法律第27条（罰則）」によるもので、「第9条1項の規定により、証明書の発給を受けず南韓と北韓を往来する場合、同条の第3項の規定による承認を受けず会合・通信その他の方法で北の住民と接触する者は、3年以下の懲役または1千万ウォン以下の罰金にする」となっている。統一長官の許可を得ずに北朝鮮を訪問する場合は、罰則があるため、必ず統一長官の許可を得て北朝鮮を訪問しなければならない。この証明書の発行は訪問予定日の20日前までに申請しなければならない。また、北朝鮮の「身辺安全保証書」という、いわゆる北朝鮮からの入国許可書のようなものがないと韓国統一長官の許可はおりない。しかし、金剛山観光客に限っては、「金剛山観光客などの北韓訪問手続きに関する特例」によりその手続きはもっと簡単である。その手続きを現代側が一括してできる特例で、1998年11月16日統一部により制定され、1999年8月18日に改正されたこの法律は、金剛山団体観光客や金剛山観光船の乗務員及び金剛山観光ガイド及び在外韓国人に該当適用されるものである。
　南北交流協力に関する法律やその施行令などには「国民」という言葉は一切使わず「住民」という名称が使われている。北朝鮮側においてもすべて「住民」という名称を使う。韓国においては、北朝鮮側の人については「住民」という使い方をするが、韓国人に対しては「国民」が一般的であるが、「住民」という名称を使うことには理由があるだろう。つまり互いを「国」としては認めていないが、同じ民族であることを前提とした使い方ではないだろうか。
　また、「南北交流協力に関する法律」には、「北韓を訪問する間の身辺安全と無事帰還を保証する書類及び資料を提出する」ようになっているが、これにも意味があると思われる。板門店ツアーでは「これから起こりうることに関しては責任を負わないという宣言書にサインをする」（崔吉城、2000：6）と、述べている。つまり、ツアーの主催者である国連司令部は

ツアー中に予期せぬ身辺安全保障的な問題が起きても責任を負わないという意味である。金剛山観光では申請書に「金剛山観光中、国家安全保障・公共秩序・公共福利及び南北関係改善を阻害することがないように最善を尽くすことを誓約します」という欄があり署名するようになっている。北朝鮮との関係を阻害するような行為をしないことを金剛山観光客に要求されるのである。

　出航する港は韓国の東海岸にある「束草港」である。ソウルから束草港までは車で約4時間かかるが、朝6時30分にソウル市内7ヶ所からバスが出るため、ほとんどの観光客はこの観光バスを利用する。帰りのバスの中では、旅行中、仲良くなった同じグループの人達が歌を歌いながら交流を楽しむ。声を出して歌うため他の人は大変迷惑をしているが、あまり気にしない。バスの中で歌うことは韓国人にはよく見られる特徴である。観光地への団体旅行の場合、貸し切り観光バスの中で大声で歌ったり、踊ったりする光景がよく見られる。行楽地で歌舞を楽しむ習慣が韓国人にはある。金剛山観光の場合も、地方から来る人もソウルまで来て、束草港行き観光バスを利用する人が多いようである。金剛山観光の多くは親孝行観光であり、その子供達はソウルに住んでいることが多いからソウルで合流しての参加になるからである。

　最初は金剛山観光による出航港周辺の観光活性化が期待されたが、韓国側からの出港地である束草港周辺地域は観光空白の場になったと言える。それは、金剛山行の船の出発時間に合わせて韓国各地からのバスが到着することが原因である。出発港周辺にある雪岳山国立公園や、東海岸は、従来から修学旅行や一般観光客が多く訪れる有名な観光地であるが、金剛山観光が始まってから修学旅行に行く学生は著しく減少した。その原因の一つが、2002年4月から政府により、学生や離散家族に金剛山観光補助金が出るため、修学旅行が金剛山観光になるケースが増加し、今まで修学旅行地として人気があったこの地域は、政府の金剛山観光支援策により大きな打撃を受けた。金剛山観光が周辺地域の観光さえ吸収してしまった結果になっている。

金剛山観光開放当初は、金剛山に行くために集合する場所の周辺地域、例えば雪岳山や東海岸周辺地域との連携観光が期待されていた。チョンドンファンは、「金剛山観光を契機に韓国政府と江原道[45]は、南北交流と協力が実質的な効果を得られるよう積極的に雪岳山[46]と金剛山を連携開発しなければならない」(전동환［チョンドンファン］、1998：218)と、提示しているが、雪岳山と金剛山観光との連携観光は金剛山観光開放当初から現在に至るまで、その効力を発揮していないことが筆者の現地調査で明らかになった。なぜなら、金剛山は優れた景勝地としての長い歴史を持っていると同時に、長い間未知の世界であったのに比べ、雪岳山観光は、歴史的に浅い上、自国の領土に含まれているという理由から、色褪せてしまわざるを得ず、より魅力的な金剛山を目指し、この地域を通過してしまうのである。そのため、宿泊施設をはじめ周辺の観光関連業界は地方自治体及び政府に窮状を訴え、対策を依頼していたが、これという対策は出ていなかった。

　金剛山観光への出航地である束草港は現代グループが作った港であり、その名称も「現代束草港旅客ターミナル」である。観光客はこの港に集まり「観光証」を受け取る。この観光証は金剛山観光において、大変重要なものであり、観光期間中常に所持していないといけない。「観光証」に書かれた内容と、前もって現代側から北朝鮮側に提出した観光客名簿の内容とが一致しないとまた問題になる。この観光証には名前と性別、生年月日、職位と居住地と観光期間が書かれる。この観光証は２枚になっていて若干大きいサイズの方には北朝鮮側から観光許可スタンプが押されているが、帰りには北朝鮮に提出することになる。平壌などの北朝鮮観光の際、パスポートに入国スタンプを押さないことと同様、金剛山観光においても北朝鮮に行った証拠はなにも残らない。

　出発前、出航手続き案内や両替の案内などの説明があり、船の座席番号

---

[45] 金剛山に行くための出発地である韓国側の行政区域。
[46] 韓国東海岸にある山で金剛山観光の出発地に近い山である。

や客室の番号が知らされる。ここで各班と組が知らされる。観光中はこの組で常に行動を共にしなければならない。

ソウル市内に位置する現代グループビル前を朝の6時30分に出発すると午前11時頃には出発港である束草港に到着する。11時30分頃から出航手続きが始まるが、韓国人に限ってはパスポートの所持が必要ではないため（韓国人以外の観光客はパスポート所持が必要）現代側が作成してくれた出国カードに署名して、それを入国管理局職員に提出するだけで出国審査は終わる。税関は外国に出国する際と変わらない。税関を通過するとそのまま乗船する。束草港から北朝鮮の長箭港までは「雪峰号」という船で行く。この船は、韓国の「大宇重工業」により1998年に製造されたもので総9,258トンで400名の客が利用できる89の客室と330席の座席がある。最大乗客収容数は730名である。出国手続きにかかる時間は短時間で12時30分には出港する。

海路での金剛山旅行は2泊3日の日程で行われていた。乗船してからは船に宿泊する人は各自の船の部屋に、金剛山の海上ホテルに宿泊する人は船の客室に入る。座席は各組別になっていて座る番号が指定されている。雪峰号は、3日後に束草港に戻り1泊して、それからまた次の観光客を乗せて金剛山にいくというコースを繰り返す。すなわち金剛山観光専用の唯一の船舶である。

月に10回航海することになる。多くても10回であるが、シーズンではない時や観光客が少ないときは回数を減らすこともあり、政府の補助金が実施されるようになってからは観光客の増加により出航回数を増やしたりしていた。

1-2. 訪北教育の実態とその意義

船が出発するとまず行われるのが「訪北教育」である。本来は、対北朝鮮政策と統一政策を担当する「統一部」[47]の主催で行われるが、金剛山

[47) 統一問題など対北朝鮮政策を担当する。

観光に関しては現代峨山の主管で行っている。この訪北教育は数年前までは「反共教育」の名称で海外渡航者を対象に強制的に行われていたものと似ている。反共教育とは外国に行く韓国人が北朝鮮の工作員や朝鮮総連の人とはどのように対処すればよいかについて教育を受けるものである。反共教育は現在は実施されていない。2003年現在、この訪北教育を受けなければならない人は「北朝鮮訪問者」「会談及び行事参加者」「金剛山観光ガイド」「南北交流協力要員」などである。すなわち、北朝鮮を訪問する韓国人は全てこの教育を受けなければならない。教育を主管する機関は韓国統一部の関連機関である統一教育院であるが、金剛山観光客に限っては雪峰号の船上で現代側の職員に委託されていた。この訪北教育は船の総支配人という人物の「神秘的な名山、天下第1の名山金剛山に向けて力強く航海しています」という言葉から始まる。彼は「皆様の観光が統一を早めることになります」と言い、観光をすることによって、統一が早くなることを強調する。

　教育は、乗船中の事故防止及び、金剛山観光においての注意事項である。観光においての注意事項は、①観光証の重要性②北朝鮮の人の写真撮影禁止と禁止区域内での写真撮影禁止[48]③搬入禁止品目[49]④観光中の注意事項などである。彼の教育のあとは、ビデオ上映による教育が始まる。ビデオは3種類上映されるが、そのひとつは一般の海上安全教育である。非常事態への対応、救命道具の説明などが行われる。続いて、本格的な訪北教育ビデオが上映される。「21世紀最後の分断国家で生きている私達、しかし、今、南と北は新しい千年、開かれた世界に向けて希望の足を踏み出しました。対北政策を一貫性を持って推進してきた政府は南北首脳会談を行いました。また南北は事業同業者として手を結びました」というアナウンスから始まるこのビデオは、北朝鮮と事業提携を結んでいる会社の代

---

[48]「長箭港は北側が自慢する軍事施設です。港での写真撮影は禁止です」といい、到着港である長箭港は軍事施設であるから写真撮影は禁止するという。

[49] 禁止品目の中でも携帯電話の持込禁止を強く強調する。

表が、北朝鮮との事業は言語が同じであることの便利さや民族の明日のための最も価値ある投資であるという内容をインタビュー形式で答えているが、現在南北関係が膠着状態であることや北朝鮮における他の個人事業が大変困難な現状にあることを考えると、あまり現実性はないと評せざるを得ない。このビデオの内容は、南北関係改善へ向けた政府の努力とその努力により南北離散家族が面会可能になったこと、金剛山観光が南北統一に寄与することなどである。しかし南北交流の必要性と同じ民族であることを強調する一方、平和を守るためには安保が大事であるとも言っている。「平和な生活、幸せな明日を約束する安保、安保は平和を守る警備隊です」というアナウンスの後、「心配しないでください。休戦ラインは私達が守ります」「私達の海は、私達が責任を持ちます」「心配しないでください。私達の空は私達が守ります」「私達の平和は私達が守ります」と答える若い軍人のインタビューがある。また「確固たる安保は軍事境界線を守るだけではなく和解と協力を通じ平和を積極的に作っていくことです」というアナウンスが流れる。協力と和解を強調するとともに、反面、警戒態勢を緩めることはできないという内容である。韓国において対北朝鮮政策は常にこのように両面性をもっている。常に敵対関係であるということと、同じ民族であるという両面性をもつ関係がこのビデオ教育の内容にもよく現れていた。同じ民族が分断されているこの状況では、両面性をもった政策を実施せざるえないと言えよう。対北関係に関するビデオは「分断祖国の痛みはお父さん世代のものだけではなく生まれてからの私達の神聖な義務である。民族の同胞愛で凍った土を溶かし、どのような風にも揺れることのない民族の根を下ろしましょう。世界で堂々と生きている海外560万在外同胞と我々7千万民族が力を合わせる時です。我々は誇り高い、同じ民族です」というアナウンスで終わっている。

　3本目のビデオ上映は北朝鮮に入ってからの注意事項である。「懐かしい金剛山1万2千峰、四季が綺麗な金剛山、私達は分断から半世紀ぶりに38度線を越えて堂々と入ることができました。1998年11月から始まった金剛山観光は一部地域に限られますが、北の土と一部北韓同胞に会えま

す。しかし、まだ金剛山は敵対と不信がある特殊地域です。そのため北の名勝観光だけではなく、分断されていた民族を理解し、同じ民族の間の和解と協力の道にするために皆さん、言動に注意しましょう。これから私達は言葉ひとつひとつに注意しなければなりません」というアナウンスがあり、具体的な禁止事項について例をあげながら説明をする。説明の後、「さあ、どのような心得で観光をするべきか分かりましたか。半世紀ぶりに招待された私達は大韓民国の代表であることを考え、私達の言動が民族の念願である統一の元になることを祈願します」と言い、金剛山観光が単純に観光するだけではなく民族の和解の場であることと、統一を早める元になることに意義があることを強調している。また「金剛山観光で観光客が守らなくてはならないことの多くは50年ぶりに訪ねていく観光においてのことだけではなく、全世界の観光地でも守るべきマナーである。特に特殊状況下で50年ぶりに訪ねていくことを考えると多少不便なことがあっても我慢して理解しなければならない。半世紀ぶりの金剛山観光を成熟した礼儀正しいものとし、楽しく意義深い観光となりますよう一緒に努力しましょう。統一航海、金剛山観光が楽しく意義深いものになりますことを祈ります」とアナウンスがある。金剛山観光は分断50年ぶりにできる観光であり特殊状況下での観光であるため言動に注意することと、これらの禁止事項などは金剛山観光だけではなく全世界どこの観光地においても守らないといけないことだから我慢するようにという内容である。

　ビデオ上映が終わると、案内をするガイドによる説明があるが、最初の総支配人の話と3本のビデオの内容との繰り返しである。

　港に着く前にもう一度持って降りるもののチェックがあり、ガイドが持って行ってはいけないものと判断したものは船の担当者に預けることになる。

1-3. 禁止事項と違反した場合の処理問題

　禁止事項は基本的には北朝鮮と現代峨山が合意した合意書をもとにしている。しかしそれらと関係なく現代側が北朝鮮に気を使い大げさに規制す

ることもある。たとえば注意事項の中で北朝鮮の人を呼ぶ場合「先生」というように呼び、友達の意味で北朝鮮では仲間や同志の意味で使われている「ドンム」と言ってはいけないとあるが、それは北朝鮮側も要求していないし、実際北朝鮮の人は金剛山で韓国人に「ドンム」と使った例もある。それを韓国人には使ってはいけないということは現代側の過剰な配慮と言えよう。

　合意した禁止事項以外にも現代側が独自で禁止している部分と、禁止はしているが実際には問題ない部分もある[50]。

　金剛山観光が実施されてから約8ヶ月経過した1999年8月に韓国統一部の発表によると、金剛山観光の際の違反件数は175件で罰金は6,635ドルである。その内訳は、喫煙、ゴミ捨てなどの環境汚染が54％、軍事施設写真撮影や高倍率カメラ所持などの違反行為が31％、北朝鮮の体制を批判するなどの問題発言行為が13％、観光証紛失が2％である[51]。罰金は摘発された観光客から現代が受け取り北朝鮮に支払う方式だが、違反者が違反行為を否認する場合は現代峨山が北朝鮮に支払う場合もある。合意書には書いていないが、星条旗がプリントされている服やジーンズなどは罰金の対象になる。しかし、第3章で述べたように、北朝鮮の観光宣伝通報社というところから発行されているガイドブックの写真には登山コースを西洋の男女が裸同然の水着を着て、山に登る写真があるが、これらはよくてジーンズが取り締まり対象になるのはどうしてだろう。宣伝パンフレットと実際の観光との差がここで明確に表われる。

　観光中の違反行為に関する罰金などの処分は繰り返される教育などによって減少し、現在はそれほど違反は目立たなくなったようだ。北朝鮮側の態度も最初の時と比べて緩和されたようだ。

　観光中に起こりうることで最も緊張するのが、観光中に韓国人が北朝鮮

---

[50] 資料の合意書参照。北朝鮮側の金剛山観光総会社と現代峨山が合意した合意書の日本語訳である。
[51] 1999年8月1日韓国統一部報道資料。

への亡命を求める場合である。しかし、現在まで亡命を求めた事件は1999年9月11日起きた1件のみである[52]。この時は、北朝鮮の環境監視員に亡命を求め、北側が拒否、現代側に通報し身柄が拘束された。これは金剛山観光が実施される直前の1998年10月に現代と朝鮮亜細亜・太平洋平和委員会が締結した「緊急状況処理に関する付属合意書」第2条「双方は滞在希望を表示する事情が提議される場合相手側に通報し送還する」という合意に基づいたものである。双方には観光中にも常に緊張感が存在している。長箭港には午後4時30分頃に到着するので束草港を出発してから約4時間所要する。

2. 現代グループの金剛山観光施設と運営

2-1. 観光コース

　観光コースは、観光バスが走る道をはじめほとんど全てが現代峨山によって企画されたコースである。海路での観光コースは三つある。その一つに観光2日目の登山コースがあり、「九龍淵コース」と「萬物相コース」の二つの選択コースに分かれている。

　九龍淵コースはやや簡単なコースであり、高齢者や登山初心者でも登ることができる。萬物相コースはやや難しいコースである。3日目は、「海金剛コース」と「三日浦コース」があり、この日は観光客全員が同じコースを観光するようになっている。

　2日目のコース選択は申し込み時に選択するようになっている。後からの変更はできない。

　バスが走るほとんどの道沿いに鉄条網が張られているが、山道に入ると鉄条網はない。鉄条網は緊張感と寂しさを感じさせる。ガイドは「外国の国立公園などを旅行すると動物の飛び出しなどを防ぐために鉄条網を設置している」と言って鉄条網の正当性を主張するが、北朝鮮の住民は動物で

---

[52] 1999年9月15日付け朝鮮日報参照。

はない。同じ民族が50年ぶりに訪ねて来たと言うのに、鉄条網で隔離された世界しか見ることができないことは、その理由如何に関わらず大変残念なことである。登山コースへはバスで山道を15分ぐらい走ると駐車場がありそこでバスを降りて歩くようになっている。

　片道2時間程度の登山コースは、同じ組のメンバー全員が一緒に登山するようになっている。「同じ組の人が一緒に登山する観光は世界中どこにもない珍しい観光である」とガイドは誇らしげに言ったが、大の大人達が列を作って組毎に登山するというのは少し違和感があった。

図8　登山風景[53]

　登山路には男女ペアの北朝鮮監視員がいる。彼らを環境監視員という。ほとんどが20代から30代前半ぐらいの若い男女で構成されているようだ。女性は韓国の伝統美人らしい丸いぽっちゃりした顔が多い。女性は観光客に好感を持たれ、「息子の嫁にしたい」「つれて帰りたい」と冗談でいう人もいるが、男性は日に焼けた顔で痩せているためあまり人気がない。「娘の旦那にしたい」という人は誰もいないとガイドは話していた。韓国では「南男北女」という言葉がある。男性は南出身がハンサムで女性は北の女性が美人だということだが、まさにその通りだと思う観光客が多いようだ。また、若い人よりは高齢者の方が現在の韓国で失われている女性の伝統的な美しさを北朝鮮の女性に感じているようだ。女性監視員は薄化粧

---

[53]　筆者撮影。

をしていて素朴で優しい感じがした。

　登山道のところどころには金日成親子を称える文字などが岩に彫り込まれていたり、彼らが訪問した時の記念碑などが多くあるが、これらに観光客は気を付けないといけない。写真を撮ることは許されるが、座ったり指を指したりしてはいけない。このような場所には必ず北朝鮮の監視員がいる。これらの記念碑や岩を刻むことは北朝鮮が自然を破壊したと非難する韓国人の観光客や研究者が多い。しかし、古くから韓国人は、金剛山観光においては岩に詩を彫ったりして、自分が訪問した形跡を記念として残していた歴史を持つ。韓国の他の山にも稀に岩に詩や旅行者の名前が刻まれているのを見かけることがあるが、金剛山ほど多くはなかった。金剛山を遊覧できたことに対する感動と自慢が岩にまで文字を彫るようにさせたと思われる。岩に文字を彫らなかったのは、日本植民地時代だけである。

　このような自然を破壊する行為は日本の植民地時代には行われていなかった。第２章で考察したように、日本植民地時代に金剛山観光を行った牧水が、日本には岩に文字を彫るような、悪い習慣がないことを幸いと述べていることから、朝鮮と日本では風習が異なっているようだ。確かに赤い文字で北朝鮮の体制を称えたり、彼らの指導者を称えたりすることに対しては違和感がある。しかし、北朝鮮が岩に文字を彫っていること自体は、植民地以前の朝鮮の習慣が復活したということなのである。

　北朝鮮の監視員とは自由に話しができる。しかし、言葉を選ばないといけないため好奇心と緊張感の中で話をする。彼らの中には積極的に話かけてくる人も多い。登山コースの途中で少し難しいコースがあり、そのコースまでいく人と行かない人に分かれて、行かない人はその分岐点で待つことになるが、そこには４～６人程度の北朝鮮の監視員がいてたまり場のようになっていた。そこでは彼らといろいろ話をすることができた。

　３日目の海金剛・三日浦コースでは遠くからだが、北朝鮮の日常生活を見ることができ、観光客は好奇心いっぱいでバスの外の光景に視線がくぎ付けになる。北朝鮮側はそれを嫌うらしく、家をコンクリートの塀で囲んでいる。しかし、歩いている北朝鮮の住民や働いている人を見ることがで

き、北朝鮮にきた実感がわく。道沿いにはところどころ北朝鮮の兵士が立っているが、バスをみているだけで武器はもっていない。このような風景も北朝鮮らしい。

　北朝鮮の風景をみて観光客は1970年代の韓国をみているようだと言った。道に立っている軍人は手を振らなかったが、住民や子供達は手を振ってくれたりした。我々に対する敵対感は全くなく好意的であることが伝わってきた。観光客はこのような彼らの好意に感動し、北朝鮮に対するイメージが変わる人も多い。

2-2. 観光施設及び観光オプション
１）宿泊施設

　観光施設は現代峨山により建設されたもの以外はなにもない。北朝鮮は金剛山という山を貸しているだけである。

　宿泊施設には、乗ってきた船雪峰号と、海上ホテルがある。船での宿泊は海上ホテルより料金が安い。強い風などで少し揺れることもあるが、船での宿泊予約者は約4時間30分ほどの航海時間も船室で休むことができる。下船時や乗船時に北朝鮮の税関を通関しなければならない不便さはあるが、その分北朝鮮の人と多く接することができる。海上ホテルは、シンガポールで製造された移動式のホテルである。海の上に止っているが揺れなどはほとんどない。海上ホテルにはフィリピンのバンドが入っていて歌を歌ったり演奏をしている。海上ホテルにもレストランがあり飲食ができる。

　船からは降りることはできないが、海上ホテルからは自由に出ることはできる。現代職員や北朝鮮の人がいるため遠くまでは行けないが、駐車場のあたりまで出たりすることはできる。駐車場には屋台のようなものもあり飲食物などを売っている。船中と海上ホテルの中は北朝鮮にいることを忘れてしまうような別世界である。この海上ホテルからの写真撮影は禁止になっている。この海上ホテルがある長箭港は北朝鮮の軍事用の港である。そのためこの周辺には軍事施設が多く存在し、ホテルから外に向けて

写真撮影ができないようにしているのである。金剛山観光中外に向けての写真撮影が禁止されている場所は恐らくこの海上ホテルだけであろう。金剛山観光は、船舶、海上ホテル、金剛山内のホテルの３種類の宿泊形態があるが、金剛山内にある宿泊施設のみからは撮影が可能である。しかし、港に停泊する観光客が乗って来た船や海上ホテルからは写真撮影できない。

2）公演

　北朝鮮の「モランボン教芸団」によるサーカスがあり、「金剛山文化会館」で公演される。このサーカスを見て多くの観光客は感動し、同じ民族であることを実感するようだ。観光が実施されるようになってから１年後に休憩所の隣に「金剛山文化会館」が建てられ「モランボン教芸団」による公演を行うようになった。料金は、サーカスが最も観覧しやすい後列の特別席が30ドル、前列の一般席が25ドルである。一般的には前列の席の方が料金は高いことが多いが、この公演はサーカスであるため、前から見るより後ろから見る方が全体がよく見えるため後列の席の方が高いようだ。ほとんどの観光客はこのサーカス公演を観覧する。安いとは言えない観覧料であるが、公演を見るほかに、することも行けるところもないためほとんどの人が観覧する。

　まず、現代の職員が舞台に立ち丁寧に挨拶をした後、注意事項について説明をする。写真撮影は演技する人達へのフラッシュが危険なため絶対禁止するという。入り口と記念品店で公演のビデオテープを売っており、そのためかビデオの撮影まで禁止されていた。

　綺麗な民族衣装の女性が「嬉しいです」という意味の「バンガプスムニダ」という北朝鮮の歌を歌いながら満面の笑顔で登場する。同じ言語ではあるが、北朝鮮特有の抑揚で挨拶をするため観光客は一瞬違和感を覚える。功勲俳優、人民俳優と紹介された人々が、高度の技をくりひろげ、観客は失敗を心配しドキドキする。実際失敗して高いところから落ちた女性のことを多くの人が心配していた。

公演の中で、コミカルな演技もあり、観客一人を舞台に呼び出し一緒に演技をしてもらうなど観客を楽しませてくれる。「"観光"の場では、よく観客を舞台に上げ、演者との"一体感"を演出しようとする」(橋本、1999：119)。とりわけ「モランボン教芸団」による公演を観覧する韓国人観光客においては、観客の一人を呼び出し、舞台にあげ演技に加わらせることは、その舞台に上がった人一人だけの一体感ではなく、公演を観覧している観光客全員が感じる「一体感」である。それは長年、敵対視してきた北朝鮮との一体感につながる。

　サーカスのなかで最も感動する部分は公演の終了間近に朝鮮半島の地図の上に「ひとつ」(ハナ)というハングルで書かれた垂れ幕が下りてくるときである。北朝鮮の人が統一や同じ民族であることをこれほど強く考えているとは思っていなかったのでとても感動する。公演の最後には例の「嬉しいです」という歌と一緒に出演者全員が舞台に立って手を振ってくれる。この時は写真をとってもいい。オーケストラの指揮者や演奏者も一緒に手を振ってくれる。そうすると観客は誰の指示もなく起立、拍手を送る。この瞬間は体制も分断も忘れて一つになれる瞬間であった。現代が数少ない観光活動を補うために実施しているこの公演は現代側の意図したものと北朝鮮の意図したものが重なり合って成功したものと言えるかも知れない。

3）記念品

　観光記念品店に勤めている人は、人件費が安いことや、北朝鮮の言葉使いに近いこともあるため、ほとんどが中国の朝鮮族である。彼らは、戦前中国に渡った朝鮮人の子孫である。記念品店では北朝鮮のお酒など北朝鮮のお土産を売っている。

　温泉施設や公演施設、記念品店などの観光施設は、金剛山観光が実施されてから1年後から作られるようになったのだが、現代が北朝鮮の中にこのような施設を作らなければならなかった理由があった。それは、環境監視員などわずかな北朝鮮の住民としか接触できず、高い塀に囲まれている

ため北朝鮮住民の家なども見ることができないことからくる観光客の不満を少しでもやわらげようとする意図と金剛山観光の魅力を増やすためであると言えよう。金剛山観光が、朝鮮戦争後踏み入れることができなかった北朝鮮の土地に足を踏み入れることができることに観光の魅力があるとしても「楽しむための観光」の魅力がないと観光客の不満は増えるのである。各種アンケートや筆者が行ったインタビュー結果からも「楽しみの少ない」金剛山観光に対する不満が覗えた。これらの不満を解決するために、現代グループは常に観光施設や観光アトラクションの開発に努力を重ねている。観光記念品店もその一つである。この観光記念品店は現在では免税店も兼ねている。

　観光記念品店で働いている店員はすべてが中国朝鮮族であり、20代前後の若い女性がほとんどである。観光客は金剛山内ホテル、船、海上ホテルとした3ヶ所から出発することもあるが、集合場所はいつもこの休憩所になる。出発時刻は決まっておらず、案内放送によってバスに乗るが、アナウンスの中国朝鮮族の話し方は北朝鮮の女性の話し方と似ていて、一瞬北朝鮮の人ではないかと錯覚するほどであった。もちろん北朝鮮の人ではないが、北朝鮮領土内にいるのに北朝鮮の人とそれほど接触できない観光客にとっては一瞬でも北朝鮮を感じる機会となっていた。韓国の会社に雇われた中国朝鮮族の人が北朝鮮の領土で働くという極めて珍しいケースである。金剛山には、植民地経験と民族の分断という歴史的な背景から生じた、それぞれ国籍が異なる同じ民族が集まっている特殊な場であるといえる。

　記念品としては北朝鮮の酒や蜂蜜、菓子などを売っている。絵やビデオテープなども売っているが、酒などがお土産として一番多く売れているようだ。

4）食堂

　食事は朝だけがついていて、昼食と夕食は各自で食券を買って食事をしなければならない。朝食を除いて滞在中は4食することになる。1食9ド

ルするため 4 食だと 36 ドルになる。食券は前もって船で買うが、買いそ
こなっても食堂前で買うこともできる。カリブ海のリゾート地には、オー
ルインクルーシブというホテル方式があり、観光客は出発前に全ての旅行
経費を支払い、観光地の中では財布がいらないという方式で、近年著しく
増加傾向を見せている（江口、1998：101）。金剛山観光はこの方式に近い
が、唯一朝食を除いた 4 食分の食事は各自で解決しなけばならない。

　食事はバイキングスタイルになっていて北朝鮮の野菜をはじめ北朝鮮の
食べ物が並べられる。この野菜は、北朝鮮に作られた「現代農場」で、北
朝鮮の労働者によって栽培されている。この「現代農場」で働いている北
朝鮮の住民は、北朝鮮の他の企業で働いている人より待遇がよいから、現
代グループや韓国人観光客に好感を持っていると、ガイドは説明してい
た。バイキングのことを北朝鮮では「盛り合わせ料理」というらしく、食
堂にも「モドゥム料理」（盛り合わせ）と書いてあった。食堂で働いている
人もほとんどが朝鮮族である。味は韓国料理と変わらなかった。

5）温泉

　女性観光客に最も人気があるのが温泉である。第 1 章で述べたように、
李氏朝鮮の王が皮膚病を治すために何度も訪れたという韓国の時代劇の影
響もあり、金剛山温泉はかなり有名であった。現代グループが金剛山観光
客のために建設したものである。

　金剛山の温泉の湯は韓国の温泉に比べて大変質がよかった。温泉が好き
な韓国人には人気があるだろう。露天風呂から眺める金剛山は絶勝であっ
た。入浴料は 1 回 12 ドルであるが、2 日分を前もって買うと 20 ドルにし
てくれる。温泉も公演と同じく観光実施 1 周年目にできたものである。現
代の観光施設がすべてそうであるが北朝鮮にはどこか似合わない豪華な建
物であった。観光客が使うのは 3 日間の内 2 日間であり 1 日は温泉を使用
していないため北朝鮮の人に入らせたらいいのではないかという声が観光
客の中から多く聞かれた。これは、貧しい生活をしている同じ民族に対す
る憐れみの気持ちからであるだろう。金剛山には戦後北朝鮮が建てた温泉

施設がある。現代グループが建設した温泉施設とは比較にならないほど劣悪であるが、今も北朝鮮の住民が利用しているという。

2-3. 金剛山観光ガイドの役割

　金剛山観光におけるガイド[54]の役割はどこのガイドよりも大きいと言える。ガイドは現代峨山が採用した韓国人である。観光地における規制が多いほどガイドの役割は大きいと言える。韓国人が多く観光している済州島観光においてもガイドがついているが、この場合は一般的な諸外国の観光ガイドとほぼ同じで、単純に観光地や観光記念品店を案内するだけでそれほど大きな役割を担っているとはいえない。金剛山観光では船内での訪北教育の中で「金剛山観光中に北側の人との問題や救急患者が発生した場合には一人で解決しようとしないで現代職員かガイドに助けを求めてください」と教育しているように彼らの役割は大変大きく政治的な問題をも担わされる場合があるからだ。観光客は各「組」に振り分けられるが、ガイドは基本的に一人が一組を担当し、「組長」と呼ばれている。この組は夜寝る時間以外はほとんど一緒に行動している。その責任者が組長と呼ばれるガイドである。彼らはまた金剛山観光のすべての情報元でもある。そして、金剛山に限らず北朝鮮に関する情報元でもある。観光客は金剛山についてはもちろん北朝鮮についても質問をする。ガイドは金剛山観光だけではなく北朝鮮に関する多くの情報をもっていて、かつ、多くの制限、制約を常に意識しながら、それらを観光客に教えている。

　ガイドは年2回、韓国統一部の統一教育院で実施される教育を受けなければならない。教育目標は「金剛山観光事業及び案内業務と関連する様々な知識を提供、金剛山観光事業の円滑な推進を支援」としている。1日中行われる教育の内容は「我国の統一環境と政府の対北政策」「訪北時行動要領及び注意事項」「金剛山観光ガイドの役割と姿勢」「北朝鮮住民の生活

---

[54] 金剛山観光においては「組長」と呼ばれているが本書では「ガイド」という名称を使うことにする。

と価値観」「北朝鮮住民の韓国社会認識と対応要領」などについてである。彼らはこの統一教育院での教育で北朝鮮の知識や金剛山観光ガイドとしての心得を学ぶのである。

　船を降りる直前にガイドと初めて対面し、北に持って行けない物の預かりや、注意事項を聞き、ガイドについて税関を通過するだけであるため、正式な自己紹介はホテルに荷物を置いてから、温泉にいくバスの中で行われる。ガイドは「北の土を踏みました。いかがですか。税関では問題ありませんでしたか。観光証はありますか。」と言い、税関での手続きで問題がなかったか、観光証はあるかをまず確認する。観光証のことはバスに乗るたびに聞くのである。ホテルに泊まる人は税関を1回しか通らないが、船に泊まる人は朝、船から降りる時と夜、船に戻るたびに税関でチェックされるため、最初は通るたびに緊張するらしいが、最後の日ぐらいになるとその緊張感もなくなるようだ。船に泊まると、下船や乗船のたびに税関で検査をすることが面倒ではあるが、パソコンなどは船に置いていける。しかし、ホテルに泊まる人は北朝鮮内で禁止されると思われるものはホテルには持って行けないので、船に置いて下船しなければならない。ガイドは女性が多い。金剛山観光が始まった最初の頃のガイドはすべてが男性で構成されていたようだが、その後、女性ガイドの方が多くなった。ガイドは現代峨山の社員ではなく観光ガイドなどを専門とする派遣会社の社員である。この派遣会社から一定の教育を受けてガイドになる。韓国には観光を専門とする専門学校や、ガイド養成機関などがあって国内観光ガイドの資格がないと、国内観光ガイド活動ができないが、この金剛山観光ガイドは資格がなくてもなれる。そのため、観光を専門とする人はほとんどおらず、看護学校を卒業した人、経済学を勉強した人などさまざまであるようだ。国内観光ガイドをするためには「国内観光ガイド資格」が必要だが、金剛山は国内観光ではないため国内ガイド資格は適用しない。国内でもなく海外でもない観光が金剛山観光なのである。

図9　金剛山観光組長（ガイド）

　ガイドは「北朝鮮はどうですか。同じ民族と同じ国であるため一緒です。しかし、なぜあのような手続きが必要なのか疑問でしょうが、ここは外国です。同じ民族であるから早く通過できたと思ってください」と言うが、これは矛盾している。「同じ国」といいながら「外国」だと言っている。同じ民族だと言うのは理解できるが、同じ国と言うのは理解できない。本当に彼女は同じ国だと思っているのだろうか。要するに、同じ民族だが外国だから手続きが必要であるが、同じ民族だから早く通過できたと言っている。詭弁である。

　「鉄道も見え、人も見えます。今日はよく見てください。北側の人が歩いているでしょう。我々の国にとってどこが「主敵」ですか。誰もはっきり言えないですが、皆知っていると思います。まだ南側と北側は一つになっていません。そのため安全のため私が皆さんに注意をすることがありますが、理解してください。北側との特殊関係のためです」ガイドは「主敵」という表現をしているが、朝鮮戦争後、強い反共主義のもとで韓国は北朝鮮を主敵としてきた。この主敵という言葉は、韓国の一般の人の間で

はあまり使わない。しかし、主敵が誰を示しているかは知っている。ガイドは常に北朝鮮のことは「北側」、韓国のことは「南側」と言う。一度も韓国政府や韓国人が北を称する時の「北韓」と言う言葉は使わなかった。観光客もできるだけ「北側」、「南側」と表現をしようとするが、どうしても言い慣れている「南韓」、「北韓」と言ってしまう。北朝鮮の環境監視員も必ず「南側」、「北側」と表現していた。「南韓」、「北韓」と言うのは、韓国を中心とした表現であり、「北側」、「南側」の方がより中立的な表現に思われる。

　ガイドは北朝鮮に気を使いながらも北朝鮮が「主敵」であり、「北側」と「南側」は特殊関係であるため注意するように言っている。

　ガイドの注意事項の中で最も強調するのが写真撮影禁止に関してである。「金剛山観光で写真撮影可能なところは、温泉、休憩所、金剛山です。バスの中からの撮影はだめです」というが、このような観光が世界のどこにあるだろうかと思ってしまう。「人の家に入って写真撮影しないことは礼儀でしょう」というガイドの話だが、もちろん、観光活動においても礼儀は大事だが、人の家を観光することではなく、観光地を観光することであり、撮影が制限される観光地はまれであろう。「明日から山で北朝鮮の人と出会いますが、政治的な話をしてはいけません」といい、初日から注意事項が多い。次の日からの観光では金剛山の説明や伝説の紹介、北朝鮮の生活や観光中に起きたエピソードなどの紹介が中心であった。北朝鮮の生活に対しては、学校制度や結婚風俗、仕事のことなど、韓国とは体制が異なるため観光客はこのような北朝鮮の生活に興味を示していた。

3. 韓国人観光客にとっての金剛山観光の意味

3-1. 観光動機

　金剛山観光が実施されてから1周年になる1999年11月に慶南大学極東問題研究所によって実施された「金剛山観光事業に関する国民意識調査」（강택구［カンテク］、1999）によると、金剛山観光の目的は59％の人が「単

純に観光目的」であった。そのほか、「北朝鮮を訪問する象徴性のため」が20.2％、「北朝鮮が故郷であるか、北朝鮮の家族に対する懐かしさのため」はわずか4.7％、「その他」が、16.1％であった（강택구［カンテク］、1999：4）。朝鮮戦争後、南に来た北朝鮮出身者や北朝鮮に家族がいるなど離散家族と言われる人達が、金剛山観光に多く参加するだろうとした予想ははずれた。北朝鮮出身者の人に聞くと、北朝鮮出身者が本当に行きたいのは金剛山観光ではなく彼らの故郷であるようだ。また、高齢化が進んでいる北朝鮮出身者にとって金剛山までの移動はかなり負担になる。これらのことを踏まえた上で、著者は、2002年に金剛山観光調査を実施した。一緒に参加した観光客8人に観光動機について聞いてみた結果、上記の意識調査と同じく単純観光目的がほとんどであり、その中には政府の金剛山観光政策に賛同したから参加したという答えもあった。以下は調査対象者の年代、性別、職業、観光動機である。

表7 金剛山観光動機

年代	性別	職業	観光動機
20代	男性	休職中	休職しているためお祖父さんと一緒に金剛山観光に行ってくるように親に言われた。お祖父さんの保護者としてきた。
20代	女性	休学中	お父さんが入っている協会の人と一緒にきた。お母さんがくるつもりだったが、お母さんの都合が悪かったため代わりにきた。
30代	男性	会社員	両親に金剛山観光をさせてあげたかった。最初は海外にいこうと思ったが金剛山観光をすることで北朝鮮にプラスになると思ったから金剛山観光にした。分断されているので今まで北朝鮮にいけなかったから好奇心もあった。
40代	男性	自営業	仕事関係で入っている協会できた。その協会が統一事業の一環として金剛山観光を進めているため参加した。夫婦できた。
40代	男性	自営業	仕事関係で入っている協会関係できた。妻のかわりに娘と一緒にきた。

50代	女性	商業	息子がお金を出して申請してくれた。息子の勧めできた。お嫁さんのお母さんと一緒にきた。
60代	女性	農業	息子がお金を出してくれた。息子の勧めできた。お婿さんのお母さんと一緒にきた。
70代	女性	無職	息子二人が休暇をとってつれてきてくれた。息子が世界いろいろなところにつれていってくれた。アメリカ、中国、日本も行った。今回は息子が海外に誘ってくれたが、外国にお金を使わずに同じ民族にお金を使った方がいいと思ったから金剛山観光にした。夫と息子二人と4人できた。

　単純に金剛山観光をしたいから参加した人が多く、特に親孝行観光が多かった。「同じ民族にお金を使った方がいい」、「北朝鮮のプラスになる」から、「同じ民族を助ける気持ち」と「北朝鮮に対する好奇心があった」という人もいた。「政府の金剛山観光政策に賛同」する協会の会員は金剛山観光政策に対する賛成表明の一環として参加していた。

3-2. 金剛山に対するイメージの変化

　以下の表は、金剛山に対するイメージの変化についてのインタビュー結果である。

表8　金剛山に関するイメージ変化

年代	観光前	観光後
20代男	絶勝だと言われていたのでどうだろうかと思った。	イメージ通り。
20代女	奇岩絶壁。	自然景観が美しかった。
30代男	峰が多い、山が高い、岩が多い、雪岳山より規模が大きい。	イメージ通り、自然がそのまま保存されている。
40代男	世界に知られた綺麗な山。	景色は韓国より綺麗。
40代男	漠然としたイメージ、1万2千峰。	雪岳山と変わらない、外金剛だけだからそれほどでもなかった。
50代女	岩が多く、水が綺麗と聞いていた。	綺麗だった。

| 60代女 | 景色が綺麗。 | 岩が素晴らしい、滝もよかった、綺麗だった。 |
| 70代女 | 景色が綺麗。 | 雪岳山より綺麗。 |

　観光前の金剛山に対するイメージは、「絶勝」、「奇岩絶壁」、「世界的な綺麗な山」、「景色が綺麗」、「1万2千峰」などをあげている。景勝地として名高いという、長い間の歴史的に形成されてきた金剛山に対するイメージが観光客に作用していることがわかった。観光後の金剛山に対するイメージは、「イメージ通り」、「自然景色がよい」、「自然が保護されている」、「雪岳山より綺麗」などの答えがあった。「雪岳山と変わらない」と言い、イメージしていたほどではなかったという答えもあったが、ほとんどの観光客は金剛山に対するイメージは観光以前と観光後ではそれほどの変化は見られなかった。このことは、第5章の陸路観光の際の金剛山に対するイメージ変化とは多少異なる。これに関しては次章で述べる。

3-3. 北朝鮮に対するイメージの変化

　崔は、朝鮮戦争後の韓国政府の反共教育を取り上げ「朝鮮戦争後、反共は国家レベルのイデオロギーとして定着するようになった。そして強い反共思想は軍事政権を生んだのである」と述べている。(崔吉城、1998：322) また、「朴正熙は北朝鮮への国民の脅威を政治的に利用して政権の安定を計った。民族の統一という言葉をタブーとして、政治的国家主義によって反共思想を徹底化した。彼は反日よりは反共を強調しながら軍事独裁政権を続け、軍事政権に反対する民衆に対して北朝鮮の脅威をもつ統合性を主張し、独裁化を強化した」と述べている（崔吉城、1998：323）。このように韓国では長年反共が国家イデオロギーとして定着してきた。そのため国民は学校教育などを通して強い反共教育を受けてきた。強い反共教育を受けてきた観光客が、金剛山観光をした後、北朝鮮に対するイメージをどのように変化させたかについて分析をしてみた。

　前述の意識調査によると（강택구［カンテク］、1999）、観光経験者の

71％が「北朝鮮を理解するために役に立った」といい、9.1％が「役に立たなかった」と答え、「判断しにくい」と答えた人も19.9％いた。

筆者が行ったインタビュー調査における観光前の北朝鮮のイメージと観光後のイメージは以下の通りである。

表9　北朝鮮に対するイメージ変化

年代	観光前	観光後
20代男	韓国より経済的に低いため貧しい。	話してみると、思ったより自由。抑圧されている様子はなかった、生活は普通にしているようだ、学校で勉強していたことと違っていた。
20代女	肯定も否定もしていなかった、体制と思想が異なることは理解していた。	北朝鮮の人とは話してない、北朝鮮に対するイメージはそれほど変わっていない。
30代男	学校教育のため、きついイメージがあった、悪いイメージだった。	話してみて同じ民族である共感ができた、親近感を感じた、好意的だった、彼らの方が民族性や共同体意識が強い、鉄条網をみると統制されている感じがした。
40代男	やや違和感はあった、同じ民族であるため話は通じると思った。	話してみると彼らの方がより民族意識が強かった、親近感があり違和感がなくなった。
40代男	貧しいと思った。	北朝鮮に来た気がしない、軍人がいて鉄条網があるから北朝鮮にいることを実感するぐらい、話してみたが個人が事業をすることに関心があるようだった。
50代女	あまり考えてなかった。	同じ民族だと思った。
60代女	貧しいと思った。	思ったより優しくて明るかった、イメージが変わった。
70代女	あまりよくなかった。	思ったより良かった、情け深い、日本人のように親切。

20代男性は、観光前は、「韓国より経済力が弱いため生活は貧しいだろう」と、思っていたが、「話してみると、思ったより自由で、抑圧されている様子もなく、普通の生活をしているようで、学校で勉強していたことと違っていた」と答えた。20代女性は、「北朝鮮に対しては肯定も否定もしていなかったが、体制と思想が異なることは理解していた」「北朝鮮の人とは話していなし、イメージも変わっていない」と答えた。北朝鮮の人と話した人と話していない人ではイメージの変化に差があった。話してみた人はほとんど変わったと答えたが、話していない人の方が変わってないケースが多かった。お互いの交流がイメージ変化に好影響を与えることがわかった。30代男性は、学校教育のため、北朝鮮に対し、きつい、悪いイメージがあったが、話してみて同じ民族であると共感できた、親近感を感じた、好意的であった、彼らの方が同じ民族である意識や共同体意識が強いようだと答えた。北朝鮮に来るまで、反共、反北朝鮮教育を受けてきた韓国人には、北朝鮮に対して同じ民族である認識はそれほど強くなかったと思われる。40代男性は、「観光前はやや違和感はあった」、「同じ民族であるため話は通じると思った」、「話してみると彼らの方がより民族意識が強かった」、「観光後親近感ができ違和感がなくなった」、「貧しいと思っていた北朝鮮にきた気がしなかった」、「軍人がいて鉄条網があるから北朝鮮にいることを実感したぐらい」、「個人が事業をしていることに北朝鮮の人が興味を示したのが意外だった」、と答えた。30代男性と同様話してみて、「イメージが変わり、彼らの方が民族意識が強いと感じ」、また「違和感がなくなり親近感を覚える」ほどであったようだ。しかし、軍人や鉄条網をみてやはり北朝鮮であることを実感している。50代から70代の女性達は、「同じ民族であること、思ったより明るい、親切で情が深い」、など観光後イメージが変化したと答えている。

　観光後、北朝鮮を理解できるようになった人が大半であった。インタビューの結果、北朝鮮に対するイメージが変化したことが分かる。イメージの変化には同じ民族であることと、思ったより自由があることがあげられた。戦後、韓国の学校教育は徹底的に反共、反北朝鮮教育を行なってい

た。そのため、韓国人の小学生の絵には、頭に角がはえている北朝鮮の人を描く子供もいるほどである。このような学校教育を受けてきた世代が、実際北朝鮮を訪問し、人数は少ないが北朝鮮の人と接触し、外から北朝鮮の生活をのぞいてみるのみであったが、それでも北朝鮮に対するイメージが変化したと思われる。

3-4. 観光後の感想

以下は、金剛山観光をしたことに対する感想を聞いた結果である。

表10　観光後の感想

年代	観光の中良かったこと	意義深かったこと
20代男	最も良かったことは公演：珍しいもの、「ひとつ」という垂れ幕が降りた時は同じ民族を感じた、風景では三日浦がよかった、温泉もよかった。	お祖父さんとはじめて旅行ができたこと、北朝鮮に入れたこと、北朝鮮の人と会えたこと。
20代女	最も良かったことは公演：最初は入場料が高いと思ったが、同じ民族であることを実感した、失敗したら怒られないかと心配した、「ひとつ」という垂れ幕は意外だった。同じ民族であることを全面に出しているようだった、中国人の公演を見る時とは別の感情があった。	金剛山観光のイメージが変わったこと、金剛山観光がどんな観光であるかを知ったこと、金剛山の自然が見られたこと、北朝鮮に来たことはそれほど意味がない、統一を念願している訳でもないから。
30代男	山と公演、公演：感動的、同じ民族として自負心、金剛山という特別な意味から温泉もよかった。	北朝鮮に入れたこと。
40代男	公演が良かった、涙が出るほど感動した、中国人の公演を見る時とは別の感情があった、同じ民族であることを感じた、景色と温泉もよかった。	分断状況の中で北朝鮮に入れたこと。

40代男	公演が良かった、「ひとつ」の垂れ幕が降りる時同じ民族であることを感じた、彼らの方がより統一を考えているように思えた。	北朝鮮に入れたこと、北朝鮮の生活が見られたこと。
50代女	温泉が一番良かった、景色も綺麗、従業員が親切、公演を見て泣いた、同胞愛を感じた。	綺麗な金剛山観光ができたこと。
60代女	温泉が一番良かった、次が公演：子供の時から苦労しただろうと思い涙が出た、最後に歌ってくれた時は同じ民族を感じた。	金剛山観光ができたこと。
70代女	温泉が一番良かった、公演も良かった：皆綺麗で上手かった、失敗しないかと心配でドキドキした。	金剛山観光ができたこと。

　20代男性は最も良かったことは、「公演であり」、「ひとつ」という垂れ幕が降りた時は「同じ民族である」ことを実感した、風景では「三日浦が良かった」、「温泉もよかった」、意義深かったことは「祖父とはじめて旅行ができたこと」、「北朝鮮に入れたこと、北朝鮮の人に会えたこと」をあげた。20代女性も、「韓国の一般的なコンサートより公演の入場料が高いと思ったがとても良かった」、「一つという文字が書かれた垂れ幕は意外であり同じ民族であることを全面に出しているように見えた」、「同じ民族であることを実感した」、「中国人の公演とは別の感情があった」、「意義深かったことは金剛山観光がどんな観光であるかを知ったこと」、金剛山の自然が見られたことで、統一をそれほど念願しているのではないから「北朝鮮に来たことはあまり意味がない」、と答えた。30代男性は、「公演が最も良く感動的で同じ民族である自負心」を感じた、「北朝鮮にある金剛山であるという特別な意味で温泉もよかった」、「北朝鮮に入れたことを意義深いこと」としてあげた。40代男性は、「公演が良く涙が出るほど感動した」、「中国人の公演とは別の感情を抱いた」、「同じ民族であることを感じた」、「温泉と景色もよかった」、「分断状況で北朝鮮に入れたことが意義

深い」と答えた。もう一人の40代男性は、「ひとつの垂れ幕が降りた時は同じ民族であることを感じた」、「彼らの方がより統一を考えているように思えた」、「北朝鮮に入り生活を見ることができて意義深い」と答えた。50代から70代までの女性は、「公演と温泉が最もよかった」と答えていた。

　最も良かったこととして公演をあげる人が多かった。50代以上の女性は温泉が最もよく次が公演であった。公演では同じ民族であることの実感と北朝鮮側がより統一を望んでいることが意外であったようだ。金剛山観光の意義は北朝鮮に入れたことと金剛山観光ができたことであった。

　以上、インタビューの結果、北朝鮮に対する観光前のイメージは、経済的に弱く、生活は貧しくて抑圧されているというイメージがあった。しかし、観光後には、思ったより一般北朝鮮の人の生活は自由があるとイメージが変化している。生活も思ったより貧しくは感じていない。また、北朝鮮の人とは同じ民族であることを強く認識するようになった。金剛山観光で最も意義深いことは、分断状況の中で北朝鮮の土地である金剛山観光ができたことをあげていた。観光客は、金剛山観光を通して、北朝鮮に対して同じ民族であることを認識するようになり、北朝鮮の土地である金剛山に入れたことを最も意義深いことであると考えていることがインタビューの結果明らかになった。

　金剛山観光は、すべてが現代峨山側によって行われている。従業員のすべては、現代峨山職員である韓国人と中国朝鮮族だけであった。北朝鮮側のホストと言えるのは環境監視員ぐらいである。彼らとは観光地でわずかに接触するだけであった。それすらなかったら、韓国内で観光するのと同じだろう。ホスト側の顔がほとんど見えない観光である。北朝鮮は単に場所を貸し出すだけであった。利用可能な北朝鮮の施設は、最近営業を開始している昼食のみできる食堂だけである。

　このような北朝鮮側との交流においては、不満が残る観光であるにもかかわらず、金剛山観光に参加するのは、歴史的にも名山のイメージが蓄積されていることと同時に、分断後、未知の世界となった北朝鮮に対する好奇心や関心があるからである。

多くの規制や、禁止事項を破った時の罰則の恐れ、道路の両側に張りめぐらされた鉄条網と鋭い目線の軍人、言葉や観光行動を監視する北朝鮮側の環境監視員との出会いなどは、金剛山観光をより緊張感溢れる観光にしている。これらの緊張意識は観光商品としてはマイナスのイメージを与えたと言える。それらの緊張感はむしろ観光客減少の要因になったと思われる。それでは、金剛山観光は何を売り物にしているのだろう。最も売り物にしていることは、朝鮮戦争の勃発で分断され、足を踏み入れることができなかった未知の世界北朝鮮に行けることである。インタビューの結果、金剛山に対する、景勝地としての歴史的なイメージはまだ残っていることがわかった。しかし、古くからの絶勝であり美しい山ではあるが、現在は金剛山が、北朝鮮の土地であり、韓国人が自由に行き来できない場所であるからこそ意義があるのである。一部の地域に限られた観光コースであり、さらに北朝鮮の数少ない関係者との接触しかできない観光であっても、北朝鮮の土を踏むことが観光客には魅力的である。金剛山観光は、長期間分断状況にある同じ民族同士間で、片方の民族がもう一方の民族の地域を観光するという極めて珍しい観光類型である。また、観光客は金剛山について、名山としての歴史的なイメージを持っていながらも、美しい自然景観のイメージよりは、北朝鮮にあるという特殊な地域のイメージのほうが強く現れていることが明らかになった。

第5章

軍事境界線と観光

1. 金剛山の陸路観光

1-1. 海路から陸路へ

　「陸路での金剛山観光の道が開けたことは南北を塞いでいる休戦ラインの障壁が崩れ始めたことを象徴する」(『文化日報』、2003年2月23日付)と、キムヨンオク[55]は述べている。彼が主張しているように、陸路での金剛山観光の実施によって南北朝鮮を塞いでいる休戦ラインが今すぐには崩れるとは思えないが、陸路での観光開始は南北朝鮮関係においては海路観光以上に大きな意味を持つ。それは、長年越えることのできなかった軍事境界線を越えるという特別な体験が可能になったという点である。

　海路観光の観光客減少が著しかったのに対して「陸路観光が再開されるようになってから金剛山観光客の9月の予約率が90％を超えている」(『東亜日報』、2003年8月31日付)ということから考えると陸路観光に対する韓国人の期待感は相当に大きいことが推測される。実際、2003年1月から3月までの海路での観光客が月3,000名以内であったことに対し、2003年9月からの陸路での観光客は毎月1万名を超えていた。

　本章では、二つに分断された国家が、今なお敵対関係にありながら、50年間以上も越えることのできなかった軍事境界線を越えて、韓国国民が北朝鮮を観光することができるようになった金剛山陸路観光を取り上げる。

---

[55] 北朝鮮や金剛山観光に好意的な哲学者。

地球上で唯一と言えるこの観光形態がどのようなものであるのか、また、そこを訪れる観光客の動機や観光後の感想について、現地調査及び観光客のインタビュー結果を中心に観光客の意識変化を明らかにしたい。

　1998年11月から始まった海路での金剛山観光が、2003年9月1日からは陸路でも可能になるまでには紆余曲折があった。2003年2月5日から6日まで現代峨山職員、韓国観光公社、韓国政府関係者で構成された87名により金剛山陸路観光のための事前調査が実施された。そして2003年2月21日からは、一般観光客も陸路で金剛山を観光できることが決定された。しかし、それは観光実行当日になってから北朝鮮側により一方的に取消されることになった。初めて陸路での金剛山観光ができると期待感を膨らませていた383名の観光客は引き返すしかなかった。観光客は失望感を味わった。現代峨山側は「北朝鮮から、道路事情のため金剛山観光客を迎えに行くバスを韓国側に行かせることができないという通報がきた」と発表したが（『中央日報』、2003年2月21日付）、「入場料として北朝鮮側が受取る額を引き上げるための戦略ではないか」（『ソウル連合ニュース』、2003年2月22日付）、あるいは「陸路での観光を反対する北朝鮮の軍部と観光推進者の間に摩擦があるのではないか」（『ソウル連合ニュース』、2003年2月22日付）といった憶測が飛び交った。つまり、北朝鮮の軍部が、軍事施設が観光客に露出されることを憂慮し、陸路観光に反対しているのではないかということだった。実際には、道路の補修などの問題であったにもかかわらず、このような邪推が韓国側でなされたのは、金剛山観光には、韓国政府と現代峨山、北朝鮮という三者間の利害関係が絡んでいるからであると考えられる。

　結局、二日後の2月23日に陸路観光は実施されたものの、その後2月26日、2月28日と合計3回行われただけで、それ以後は陸路での観光が全面的に中断されることになった。北朝鮮側の道路の補修の必要性があるというのが中断の理由だった。陸路での観光を待ち望んだ多くの韓国民は失望感を味わった。その間、金剛山観光を推進してきた現代グループの会長の自殺などもあったが、ようやく2003年9月1日から陸路での観光が

再開された。9月から再開された陸路での金剛山観光は低迷が続いていた金剛山観光活性化に好影響を与えた。

　筆者は、2003年9月21日から23日までの2泊3日間の金剛山陸路観光ツアーに同行し、陸路観光の実態調査及び観光客にインタビューを行った。今回の陸路観光では2002年3月17日から23日に海路での金剛山観光ツアーに同行した際に筆者が受けた「訪北教育」（第4章1節参照）はなくなっていた。ただし平壌観光などに際しては現在も「訪北教育」を受けなければ北朝鮮を訪問することはできない。しかし、金剛山観光においては海路及び陸路での訪北教育は行われていない。金剛山観光で守らなければならない諸事項が金剛山観光客にある程度周知されるようになったこともあるが、当初の観光に比べ、北朝鮮側の対応が以前より緩和されたことが要因としてあるだろう。また、平壌観光などと違って、北朝鮮の住民との接触が殆どできない金剛山観光には訪北教育は必要ないということになったのだと思われる。

　金剛山陸路観光の最初の集合場所である、韓国江原道にある「金剛山コンドミニアム」で「観光証」を受け取り、カメラなど北朝鮮への携行可否について現代職員から検査を受け、持ち込みできないものは職員に預ける。海路観光同様、携帯電話に関しては北朝鮮への持込みを堅く禁止していた。手続きが終わると、各自が乗って来たバスや乗用車に乗り、韓国の東海岸にある「高城統一展望台」に設けられている「臨時南北出入管理連絡事務所」まで移動する。

　臨時南北出入管理連絡事務所の前で、金剛山観光を終え帰ってくる観光客を待つ。金剛山観光は、臨時南北出入管理連絡事務所から、観光を終えた観光客と新たに観光に向かう観光客とが入れ替わる形でバスに乗り換え軍事境界線を越えて北朝鮮側に行くことになっている。北朝鮮側に乗って行くバスは常に北朝鮮側の金剛山にあり、金剛山から臨時南北出入管理連絡事務所の前まで迎えに来るこのバスのみが観光客を輸送できる。臨時南北出入管理連絡事務所は通称CIQと言われ、CIQの前には「CIQ憲兵事務所」があるが、実際の警備などは韓国統一部で派遣された警備員が行っ

ていた。ここでは韓国軍人は警備をしていなかった。

　この臨時南北出入連絡事務所のすぐそばには「高城統一展望台」がある。高城統一展望台は、離散家族をはじめ韓国国民が北朝鮮を眺めることができるようにと建てられたいくつかの展望台の中でも、年間90万人を超える観光客が訪れるなど（문화관광부［文化観光部］、2000：187）、最も多くの観光客や離散家族が訪れている場所である。その理由は、金剛山がより良く見えるからであり、それがこの「高城統一展望台」の売り物である。

　韓国人観光客が北朝鮮から全て韓国に入国すると、新たに北朝鮮に向けて出国する観光客の手続きが始まる。海路での出入国の際には、「入国」、「出国」と表示されていたが、ここでは、「入境」、「出境」と韓国語表示をしていた。国を出入国するというより境界線を越えるという意味でこの言葉を使っていると思われる。

1-2. 軍事境界線を越える観光

　北朝鮮側の人が運転する先頭車の後を、観光客を乗せた現代峨山のバス十数台が、臨時南北出入管理連絡事務所から金剛山までの仮設道路を走る。正式な金剛山陸路道路は目下建設中であり、当時は仮設道路を利用していた。この仮設道路は、現代峨山による陸路調査が実施される前の2003年1月27日「南北軍事実務会談」により、北朝鮮代表と韓国代表が合意し、使用できるようになった。朝鮮戦争後50年以上も塞がれている軍事境界線を越えて、北朝鮮へと続くこの臨時道路は単なる道路という以上の意味を内包するものであると思われる。

　韓国から北朝鮮に入る門は「金剛通門」と言われ、高さ3メートル、幅6メートルの鉄柵でできている。鉄柵を警備する韓国軍兵士が三つのカギを開け、バスを入れる。

　以下は、この金剛通門の周辺で警備をしている韓国側の兵士にインタビューした新聞記事である。

第5章 軍事境界線と観光

韓国南方限界線で警備をしているJ少尉（『文化日報』、2003.2.27日付）
　日頃は、銃を持って南北に立ち塞がる鉄柵を徹底的に警戒している。しかし、金剛山陸路観光がある日には北に行くバスが通過する鉄の門を開けています。混乱しているが、最善を尽くします。昼夜を問わず鉄柵の警戒をしなければならない我々が、北へ越えて行く観光客の通過のために直接鉄柵の門を開けることは時代のアイロニーである。特に観光を終えて南側へ越えて来る観光客に通門をあける時は不思議な気持ちになる。金剛山観光団を見ると通門が今より広くなり多くの人が北朝鮮の土を踏む事を願いながらも、対南放送を聞くと警戒勤務をより徹底しなければならないと思う。

韓国南方限界線で警備をしているB兵士（『文化日報』、2003.2.27日付）
　ここは、民間人の出入りが厳しく統制されている上、北朝鮮軍と対立している場所であるため、小さい足音でも敏感になるところでもあるが、陸路観光がある日は賑やかな観光地のようでなかなか慣れない。

韓国南方限界線で警備をしているK兵士（『文化日報』、2003.2.27日付）
　観光団が南方限界線を越え非武装地帯に入って来るのを見ると、今すぐ統一になるのではないかと思った。しかし、整った観光ルートを利用し北朝鮮軍が以前より簡単に侵入して来るだろうと思うと背筋が寒くなる。

写真14　観光客が通る南方限界線にある「金剛通門」

金剛山陸路観光客が通る金剛通門周辺で警備をしている兵士らの感想からは、敵対している民族に対する分断の現実と統一への願望との葛藤が見られる。また、この南方限界線の「金剛通門」が、対立と和解が共存する現在の南北関係を象徴的に表している場所であることを察することができる。
　南方限界線では、韓国軍が実際日々24時間体制で銃を北朝鮮側に向けて警備をしているのである。彼らの目線の延長線上に目をやると、韓国から北朝鮮を結ぶ鉄道工事をしている人達の姿が見える。おそらく工事をしている人達の身に何か起きた場合の警戒であると思われる。「軍事境界線まで200メートル」という表示があって、軍事境界線が目前にあることを認識するが、間もなく軍事境界線を越えた。軍服の色などが異なる軍人が立っているのを見て北朝鮮に入ったことが分かる。「ただいま軍事境界線を越えました」と、いうガイドの案内放送が流れると観光客は一斉に「わー」という声をあげ、緊張感は高まる。北朝鮮の軍人は、場所によっては約200メートル間隔に、工事が進んでいる鉄道側に一人、その反対側に一人の軍人を配備している。しかし、韓国側のように相手側に銃を向けてはいない。むしろ韓国側の方が北朝鮮に対して警戒しているように見えた。北朝鮮側に入ると北朝鮮の軍人がバスに乗り込んできた。一人は前に立っており、一人は観光客を一人一人見回す。観光証がよく見えない人には観光証をよく見せるようにと注意をする。バスの荷物を入れる場所まで検査したところで検査が終わる。この間の観光客の緊張感は計り知れないものである。北朝鮮の軍人がバスに乗ってくるとそれまで自由に話していた観光客は一斉に静かになってしまう。初めて接する北朝鮮の人であり、しかも表情の硬い軍人であるからより緊張する。好奇心と緊張感で静かになっていたバスの中が、軍人が降りると同時に、「なぜあんなに小さいのか」、「なぜ軍服はあんなものなのか」などの質問がガイドに発せられる。ガイドは、「我々とは異なる環境で生まれ育ったからである」と答えると観光客は納得する。
　北朝鮮軍による検査が終わり、道路上に一列に並んで観光客を鋭い目線

第5章　軍事境界線と観光

で見送る北朝鮮の軍人を後にして、北朝鮮側の「通行検査所」まで行く。「道路の両側に北朝鮮の住民が韓国人の観光客のためにコスモスを植えてくれた」、「台風の時に道路が崩れ、北朝鮮軍や住民が一同になって深夜まで補修をしてくれた」などという話をガイドから聞くと、北朝鮮に感謝し、同じ民族である民族愛を感じるが、「自爆精神、軍民一致」の宣伝文句や建物にかけられている金正日の写真を見ると北朝鮮にきたことを実感し、違和感を持つようになるようだ。このように、陸路での金剛山観光は、海路での観光より以上に、民族の同質感と異質感を同時に感じることが多い観光であった。

2. 観光客の北朝鮮に対するイメージの変化

2-1. 観光動機

　現代グループ金剛山観光事業団が海路を利用し北朝鮮を観光した観光客を対象に実施した2002年「金剛山観光実態調査」アンケートによると、観光目的の61%（重複可）が、「金剛山登山及び優れた景色鑑賞」であり、34%が「統一体験」、17.3%が「北朝鮮訪問及び北朝鮮住民との出会い」（금강산사업단［金剛山事業団］、2002）であった。その後、中断されたが、2002年には、金剛山観光に訪れる学生や教師などに政府からの支援金が支給されたため、学生や教師が多かったこともあり、「統一教育」という目的も含まれていたが、金剛山観光客の主な観光目的は、「金剛山の景色鑑賞」と「北朝鮮体験」である。

　金剛山を再訪問する意思があるかについての調査結果では、陸路観光になれば訪問するという答えが38%にも昇り、海路で観光した人も陸路での再訪問を望んでいることが分かる。筆者が金剛山陸路観光の目的をインタビューした結果、海路での観光より陸路での観光を強く希望していることがわかった。その理由は、金剛山観光だけではなく、北朝鮮の実状をより詳しく、より近くで見るためであった。（現代金剛山事業団実施「金剛山観光実態調査2002」）

135

以下は、陸路ツアーの参加者に対して行った「陸路観光の動機」のインタビュー結果である。

50代男性（A氏）
　親睦団体から参加した。同じ民族であり、同じ土地であるため行ってみないといけないと思っていた。陸路で来たことは意味深い。海路なら来なかった。陸路で来たから北朝鮮の実状が見えてよかった。鉄柵を見たいから陸路で来た。

50代男性（B氏）
　海路では来たくなかった。陸路で来て自然などの景色を見たかった。陸路では特別な意味がある。北朝鮮の実状を見ることができた。北朝鮮からの工作員の侵入は韓国によって作られた話ではないかと疑っていたが、軍事境界線を越えてみると本当だったことがわかった。

60代男性
　金剛山観光動機は、所属している団体（民族統一協議会）で金剛山観光に行くことを決めたからだ。陸路での観光を希望した理由は、軍事境界線にひかれている鉄柵などを見たかったからだ。鉄道工事の進行状況も見ることができだ。

40代男性
　観光動機は民族統一協議会から統一を念願する意味で金剛山を観光することにした。陸路できたことは、海路で来るより意味深い。

60代女性（A氏）
　観光動機はいつかは北朝鮮に行ってみたかった。村の人々も金剛山に行ってみたがっている。北朝鮮の土を踏んでみたがっている。北朝鮮の土を踏んでみることが一生の願いであった。北朝鮮の土地で我が国ではないから行ってみたかった。陸路での観光は自然や実際の風景が見られるから陸を選んだ。船は船酔いをする。軍事境界線を越える時は北朝鮮ということが実感できた。

第 5 章　軍事境界線と観光

50 代男性（C 氏）
　観光動機は、旅行が好きなこともあるが、世界で唯一残っている共産主義国家である特殊な北朝鮮の土を踏んでみることに意味があった。陸路でくることは大変意味深い。

70 代男性（A 氏）
　観光動機は、陸路で行けるようになったら金剛山観光に行こうと思っていた。海路では行かないつもりだった。同じ民族でありながらなぜ陸路で行けないかと思った。同じ民族だから我が国の土を踏みながらいくのは当たり前だ。同じ民族だからいつかは陸路で行けると思っていた。絶対陸路で行くつもりだった。陸路での意味は北朝鮮をみることであった。同じ国なのに陸路で行けないことはおかしい。

70 代男性（B 氏）
　動機は、50 年間分断されていた金剛山に来て見たかった。金剛山は世界的な名山である。陸路の意味は、船は船酔いする人がいるから陸路を選んだ。陸路で行くと周辺環境も見えたし北朝鮮の実状を見たからよかった。

70 代男性（C 氏）
　金剛山観光動機は、北朝鮮出身で故郷には行けないから北朝鮮に行ってみたかった。陸路でいく機会だったので来てみた。私の父が金剛山に 30 歳の時、来たことがあった。その写真を持ってきて父が行った金剛山に来てみたかった。陸路で来られた意義は、海路より、実状を見ることができたこと。

80 代男性
　金剛山観光動機は、海路でしか行けなかったのが陸路で行けるようになったので行くことにした。海路は不便で高齢なので船酔いする。陸路で来た意義は禁止された土地を自由に往来できたことだ。

70 代女性
　金剛山観光動機は主人が税理士だがその税理士会で夫婦同伴の旅行をすることになって金剛山観光をすることになった。陸路観光になったので、同じ民族でありながら分断された祖国に好奇心があったが、体制など実際

137

に目で確認したかった。
60代女性（B氏）
　金剛山の観光動機は陸路で行けるようになったから行ってみたかった。金正日がいつ気が変わり観光を禁止するかわからないから今、行かないといけないと思った。陸路ではいろいろと見えるからよかった。海路だとなにも見えない。38度線がどこから始まるか見たかった。

　観光動機で、歴史的な名山で世界的にも有名な金剛山の景色を見たいという観光客も高齢者を中心に何人かいた。しかし、ほとんどの観光客が北朝鮮の実状を見たい、北朝鮮の土を踏みたい、分断された状況を見たいという動機から金剛山観光をしていた。陸路観光への意味は大きく、ほとんどの観光客が「海路では行きたくなかった」と答えた。海路と同様、北朝鮮が故郷であるからという人は一人しかいなかった。陸路を選んだ理由としては、高齢者を中心に「船酔いをするから」と答えた人もまれにいるが、ほとんどの人は「北朝鮮の実状を見たいから」と答えた。「鉄柵を見たいから」、「軍事境界線にひかれている鉄柵を見たいから」などをあげていることから、鉄柵について持つ韓国人の象徴的なイメージが感じられた。すなわち、鉄柵を見ることによって分断の現実を確認するのである。自然や景色を見たいと答えた人もいたが、それらはどこにでもある自然や景色ではなく北朝鮮の自然や景色が見たいことであった。このことから、陸路での観光が意義深いことが分かる。

2-2. 金剛山のイメージの変化

　従来の金剛山のイメージは、第1章及び第2章の高麗末期から植民地朝鮮に至る朝鮮人の金剛山紀行文からもうかがうことができるように「1万2千峰」、「世界的な名山」、「素晴らしい景色」などのイメージが強かった。しかし、陸路観光客を対象に「観光後の金剛山に対する感想」についてインタビューを試みた結果、世代によって異なった回答が得られた。比較的若い年代の人を中心に「金剛山は教科書や歌などで学んだこともあ

第5章　軍事境界線と観光

り、素晴らしい景色、世界的な名山というイメージがあったが、実際見て、金剛山そのものはたいしたことない、失望した」という意見が多かった。金剛山と類似した規模である韓国の雪岳山や外国のより大規模な山などを見たことがある人にとっては金剛山の景色そのものにはさほど魅力を感じないようだ。第4章で述べているように、海路での金剛山観光の際に行ったインタビューでは、観光前と観光後の金剛山に対するイメージの変化はほとんどなく、思った通りの素晴らしい景色であったと答えた人が多かった。しかし、陸路での金剛山観光の際に行ったインタビューによると金剛山に対する観光前と観光後のイメージは、変わっていた。それは、陸路での観光の方が、金剛山の自然よりは北朝鮮という閉鎖された社会の特殊性に強い関心を持つようになったからであるだろう。また、陸路での観光後の金剛山のイメージに対して、高齢者を中心に思った通りの素晴らしい景色であるという答えが多く、年代で意見が分かれる傾向があった。

　以下は、観光前と観光後の金剛山に対するイメージについてのインタビュー結果である。

50代男性（A氏）
　日頃の金剛山のイメージは良かった。マスコミなどを通じての金剛山のイメージは良かったが実際みて失望した。1万2千峰、世界的な名山というイメージがあったが失望した。景色はたいしたことはなかった。金剛山そのものは大したことない。外国の色々なところに行ってきたので金剛山は大したことない。

50代男性（B氏）
　金剛山は期待したより失望した。1万2千峰と言われるほどでもなかった。金剛山の山は韓国の雪岳山と変わらない。

60代男性
　金剛山は世界的な名山であり有名な観光地であるから金剛山観光に行くことにした。生きているうちに来てみたかった。聞いた通りであった。1万2千峰など優れた景色だった。

40代男性
　金剛山に対するイメージは景色がすばらしいところだった。実際みると感無量だった。
60代女性（A氏）
　金剛山に対するイメージは景色がいいところ。韓国にも雪岳山があるが金剛山は北朝鮮にあるから意味がある。金剛山の景色がすばらしかった。
50男性（C氏）
　金剛山に対するイメージは歌にもあるように、大変優れた景色だと思っていた。期待していた。しかし実際みて失望した。それほどでもなかった。
70代男性（A氏）
　金剛山に対するイメージは、1万2千峰などで有名だったからいつかは行ってみたかった。実際、金剛山を見てやはり素晴らしい景色だと思った。やはり景色もよく我が国の名山であった。
70代男性（B氏）
　金剛山は世界的な名山である。金剛山は他の外国の山と比べても負けない名勝地である。金剛山は戦前も有名な山で観光客が多かった。行ってみると本当によかった。
70代男性（C氏）
　私の父は、30歳の時、金剛山に行ったことがあった。金剛山は世界の名山である。自然の岩が有名な名山である。歴史的にも金剛山で祈りをして願いが叶ったことなどが小説に書いてあった。
80代男性
　金剛山のイメージは国の国宝的な山だと思った。金剛山は雪岳山よりはよかった。

　以上の、インタビューの結果、観光前の金剛山に対するイメージは、世界的な名山、素晴らしい景色などのイメージがあったが、若い人を中心に金剛山そのものは大したことはない、失望したという意見が多かった。それに比べて、高齢者は思った通りの素晴らしい景色であると答えた人が多

かった。高齢者より、若い年代の人の方が北朝鮮に対する印象の方が強く、金剛山の自然そのものの景色の素晴らしさはそれほど感じていないようだ。

2-3. 北朝鮮に対するイメージの変化

　北朝鮮に対するイメージは、貧しいと思っていたが予想以上に貧しい生活をしていると答える人もいた。また、あまりの貧しさや体制の違いがあり、異質感を感じると答える人もいた。貧しい生活をしている北朝鮮の住民を救うために早く統一してほしいなどの答えがあった。

> 50代男性（A氏）
> 　北朝鮮のイメージはそれほど貧しいと思っていなかったが、思ったより貧しい生活をしていた。北朝鮮の土を踏んでみて悲しいと思った。同質性がなく、あまりにも貧しくて、軍人も恐かった。早く統一しないといけない。しかし、難しいと思う。軍事境界線を越える時、鉄柵を見て早くなくさないといけないと思った。早く統一しないといけないと思った。公演を見て残忍だと思った。あそこまでできるようになるのには苦労したと思う。「ひとつ」と言う言葉には韓国でも見たので特別な感情はなかった。
> 50代男性（B氏）
> 　北朝鮮に来るまではまさかと思ったが本当に貧しい生活をしていた。軍人も痩せていた。早く統一して南北が協力しあっていくべきだ。
> 40代男性
> 　軍事境界線を越える時あまりにも怖かった。
> 50代男性（C氏）
> 　陸路でくることによって統一が近くなったと思った。陸路と海路の差異は海路ではきたことがないため、大きな差は分からないが、38度線と軍事境界線を越える時の気持ちが違った。軍事境界線を越えて北朝鮮に入る時は緊張していたが38度線を越え韓国に入った時は緊張が解けた。

60代女性（A氏）
　北朝鮮からの工作員などのイメージがあって、観光前の北朝鮮に対するイメージは良くなかった。しかし、話してみると、恐いと思わなくなった。
60代女性（B氏）
　観光前の北朝鮮に対するイメージは良くなかった。敵だと思っていた。嫌いだった。食糧を援助しても一般国民には与えない。悪質である。観光後は、北朝鮮は人が暮らせるところではないと思った。韓国に戻ってきてほっとした。

　以上の、インタビュー結果からわかるのは、海路観光同様、観光前の北朝鮮に対するイメージはあまりよくなかったということである。しかし、海路での観光後では、北朝鮮に対するイメージが「思ったより貧しくなかった」、「思ったより自由があった」、「思ったより韓国人に親切であった」、「同じ民族であることを実感した」というような答えが多かった。それに対し陸路観光では「思ったより貧しかった」、「恐かった」、「同質性を感じなかった」など、否定的なイメージが強かった。公演に対しても「素晴らしかった」、「同じ民族であることを感じた」などの答えが多かった海路での観光感想に比べ、「残忍だと思った」、「人権侵害だ」などの答えがあった。北朝鮮に対するイメージがより悪化したのは、海路ではあまり見ることができなかった北朝鮮の住民の生活がより多く見られたからだと考えられる。例えば、荒れ果てた、畑や田んぼを見て観光客は北朝鮮の体制を非難し、北朝鮮の住民の貧しい生活を想像する。また、海路での観光より陸路での観光の方が北朝鮮の人を見る機会が多いため、北朝鮮の人の貧しい生活をより多く見られたことも、北朝鮮のイメージを悪くしたのだろう。軍事境界線を越えて行くことも北朝鮮に対するイメージに影響を与えたと考えられる。

　このように、北朝鮮に対するイメージは悪くなるが、統一への強い願望は、海路での観光と同様であった。しかし、それは貧しい生活をしている北朝鮮の人々を救うための統一の必要性であり、同じ民族であるという感

情は、海路の観光の際と比較すると薄れていた。

3. 陸路観光の意義

　チョンドンファンは、北朝鮮が「外金剛」地域のみを開放したことに対して「内金剛地域の観光は、鉄原—金化—昌道—断髪嶺—内金剛まで116.6キロメートルにもなる。この路線は、鉄道や陸路で行く路程だと休戦ラインと彼らの軍事地域を貫通することになり、事実上開放が難しい地域である。もしこの地域を開放するとしたら、それは直ちに休戦ラインの撤去を意味するため、彼らの体制に問題が表われるだろう。従って、休戦ラインと軍事地域ではない海路を利用する方法を選んだのである」（전동환［チョンドンファン］、1998：209）と、主張している。彼がこの論文を発表したのは、海路での金剛山観光が始まってから1ヶ月が経った時期であり、5年後に陸路での金剛山観光が行われるようになるとはおそらく予想できなかっただろう。

　軍事境界線を越えて、金剛山へ観光できるようになるとは予想できなかったほど、陸路での金剛山観光開放は困難であったと言える。また、キムも「現代は10年前の1989年春にも金剛山観光開発計画を発表した。当時は、休戦線を越え金剛山へ行く陸路観光を計画していた。すなわち、統一展望台—東海岸観光道路—金剛山というコースであった。また、京元線鉄道で休戦ラインと非武装地帯を通過する案も検討されていた。海路でのみに観光できるようになったことから考えると、休戦ラインが簡単に越えられる場所でもなく、非武装地帯というものが簡単に韓国の観光客を受け入れられる場所でもないことを示唆している」（김인영・김재한편［キムインヨン・キムゼンハン編］、1999：7）。

　分断状況の中で、韓国人の観光客が軍事境界線を越えて北朝鮮の領土に入ることがいかに意義深いことであるかが分かる。朝鮮戦争停戦後、軍事境界線を越え北朝鮮及び韓国の領土に入った例がなかったわけではない。「38度線で象徴される軍事境界線は南北分断の線であるにも拘らず、多く

の人々が往来をしている。南北対談代表、記者団、故郷訪問団、芸術団、南と北の漁師、南と北の秘密の特使まで多くの人々が往来をしていた」(이문항［イムンハン］、2001：174) と述べているように、北朝鮮と韓国政府の許可と合意があれば板門店から軍事境界線を越えて南と北へと往来ができたのである。

　南と北の両政府の合意なしで軍事境界線を越えることは亡命を意味する。板門店の軍事境界線を越えての亡命事件はしばしば起きていた。それは韓国側からも北朝鮮側からもあった。かつて亡命ではなく、両政府の合意なしに板門店の軍事境界線を越え北朝鮮から韓国へと来た事件が1989年に起こった。1989年8月に北朝鮮の平壌で行われた「8・15統一大祝典」に韓国の女子大学生が参加した事件である。韓国政府の許可なしで北朝鮮を訪問することは「国家保安法」違反になり、当時韓国政府が北朝鮮の行事に韓国人が参加することは許可していなかった。それにも拘らず、韓国政府の許可なしに彼女は北京を経由し、北朝鮮の行事に参加したのである。しかも、彼女は帰りは板門店の軍事境界線を越え韓国に帰ることを強く希望した。韓国政府は、板門店経由の帰国を許さなかった。政府の許可なしで北朝鮮に行ったことと、軍事境界線を越える先例を残すことを憂慮した韓国政府の方針であった。しかし、彼女は強い意志で板門店の軍事境界線を越えての帰国を貫いた。韓国政府が最後まで許可をしなかったこと、彼女が強行的に軍事境界線を越えたことには軍事境界線が持つ重要な意味が内包されている。

　金剛山観光を主催している現代峨山が金剛山観光を最も売り物にしているのは、50年間踏み入れることができなかった北朝鮮の土を踏む事である。観光客も分断されたもう一つの同じ民族の住む土地を訪れることに大きな意義を感じていることは第4章で明らかになった。加えて軍事境界線を越えて北朝鮮に入る陸路観光の開始は海路での金剛山観光以上に大きな意味を持っている。

　次頁の写真は臨時南北出入連絡事務所の横に現代峨山が掛けた垂れ幕である。

第5章　軍事境界線と観光

図 10　垂れ幕「我々はこれから軍事境界線を越え金剛山に行く」

　現代峨山側が、2003年2月に北朝鮮側のはっきりした回答も得ずに、陸路観光を強行したことや、北朝鮮側に陸路観光の実施を強く要望した理由は、陸路での観光が海路での観光以上に金剛山観光を活性化させる大きな原動力になると考えていたからである。現代側は、金剛山観光が海路での観光ができるようになった際も、分断され未知の世界となった北朝鮮を訪問することを売り物にしていた。さらに、陸路観光では軍事境界線を越えるという大きな魅力を観光客に与えていると言えよう。
　金剛山観光は単に自然に触れる観光以上の歴史的、政治的に様々な意味が含まれている観光であることは確かである。その上、金剛山陸路観光は海路観光以上の意味を持っていると思われる。民族戦争により、分断され、境界線が引かれ、敵対関係であった同じ民族が50年間の壁（軍事境界線）を越えたからである。その中には互いの思惑や利害関係が隠されているにせよ、観光客にとってはその軍事境界線を越えて観光できることは大変意義深いことである。
　そのことが参加者の観光動機に表れ、観光後の感想に表れたのである。観光客には、民族の名山である金剛山の景色が見たいから金剛山観光に参加した人もいた。しかし、殆どの観光客は、北朝鮮の実状を見たい、北朝鮮の土を踏みたい、分断状況を見たいという気持ちから金剛山観光に参加していた。陸路での観光を強く望んだ理由も、北朝鮮をより近くで見た

い、より詳しく見たい、自分の肌で感じたいという願望からであった。
　観光後の感想においては、金剛山の自然を味わったことへの感動よりは北朝鮮という特殊性について強い関心を持つようになっていた。また、海路での観光では北朝鮮に対して同じ民族であることの共感認識が強く働いて、同じ民族であるから統一をしなければならないという統一への願望を持つようになるが、陸路での観光では、北朝鮮に対して異質感を感じるようになり、その異質感を解決するために統一をしなけばならないと思うようになるのである。つまり、陸路での観光客は同じ民族である北朝鮮に対して同質性や共通性を求めて北朝鮮を訪問するがそこで目にするものから同じ民族である同質性を感じると同時に、一方で強烈な異質感も感じてしまうのである。それには、生活水準や考え方、体制の違いなどがある。観光客は自分たちの体制や生活水準を優位と考え、気の毒な同じ民族を救うために統一をしなければならないと感じるのである。
　このように、軍事境界線を越えての陸路での金剛山観光は、同じ民族に対する分断の現実的な実感と統一への願望が錯綜した観光であると言える。

第6章

民族分断と安保観光

1. 観光商品としての安保観光

　朝鮮半島の分断状況が続くなかで反共主義は今なお続き、南北朝鮮関係をめぐる緊張感はいつになく増している。その緊張の中心にある地域が非武装地帯（DMZ）である。非武装地帯（DMZ）とは文字通り DeMilitarized Zone「武装していない地帯」つまり、最も安全な地域でなければならない。しかし、非武装地帯の中での銃撃戦や海上の軍事境界線周辺での交戦などがしばしば起きており、南北関係の緊張の象徴的な地域になっている。特にそれは朝鮮戦争以後、南北朝鮮が敵対関係の状態で対峙していることを意味する。1953年7月27日「朝鮮戦争停戦協定」が結ばれたが、それは休戦であって戦争が終わった状態の平和の関係ではない。韓国における最近の南北関係は、和解ムードの方向にあり、北朝鮮との鉄道連結、工業団地建設などの交流が同時に進行しているにもかかわらず、韓国において北朝鮮は、基本的には敵対国であることには変わりがない。それは北朝鮮においても同様であろう。

　非武装地帯は危険な場所である一方で、政治的に利用される可能性の高い地域でもある。韓国政府においては反共の教育の場、政策の宣伝の場になりうる場所である。韓国政府は、この地域が北朝鮮からの防衛の場としての「安保」の側面を持っていると同時に、同じ民族としての「統一」の側面を持っている場として利用する政策を取っている。この、「安保」と「統一」の二つの側面を併用した政策の代表的なものが、「安保観光」[56]

政策である。孫・崔は「安保観光」とは、「国家の安全保障的な面を観光を通じて理解させ、精神的な結束を図りながら統制の下で特殊資源の観覧を通じて観光的な楽しみを求める観光形態」(孫大鉉・崔錦珍、2003：15)としている。すなわち、韓国国民にDMZなどの分断状況を見せることによって安保に対する意識を高めさせることを目的とした観光形態である。このような狙いは、様々な安保観光地で見ることができる。「安保観光」とは、主に軍事境界線をめぐって行われており、朝鮮戦争後、分断された状況を利用した観光である。この安保観光を、韓国政府は積極的に推進している。このような、国家中心の安保観光政策の受け手である韓国人観光客はこの観光をどのように受け止めているだろうか。韓国政府の思惑通りの効果はあるのだろうか。

本章では、南北朝鮮の分断状況を利用した安保観光の実態を分析する。韓国政府の政策によってつくられた安保観光地を訪れる観光客は安保観光をどのように受け止めており、政府の目的が達成されているかどうかについて、現地調査の結果を中心に分析を行う。また、これらの安保観光の延長線上で行われていると思われる金剛山陸路観光において、韓国政府の意図がどのようにあらわれているのかについて考察を行う。

韓国において分断された状況を利用した主な「観光商品」としては、1) 板門店観光、2) DMZ観光、3) 朝鮮戦争の戦跡地を巡るなどの観光がある。どれも、主にDMZ周辺の地域を訪れる観光である。非武装地帯は1953年国連軍と北朝鮮の停戦協定によりつくられた「軍事境界線」を基準に互いに南と北に2キロメートルさがった地域のことをいう[57]。この

---

[56] 民族分断状況を利用した観光は、「統一観光」、「安保観光」、「統一安保観光」という三つの表現が使われている。しかし、分断状況を利用した観光は国民の国家安保意識を高める側面が強いため本書では安保観光という言葉を使いたい。

[57] 停戦協定第1条1項：「一つの軍事境界線を確定し双方がこの線より各々2キロメートル下がることにより敵対軍隊間に一つの非武装地帯を設定する。一つの非武装地帯を設けこれを緩衝地帯を作ることによって敵対行為の再発を招く事件の発生を防止する」(이문항［イムンハン］、2001：250)。

地域は国連軍司令部の管轄であり、国連の許可を得ないと出入りも出来ない。一般人がこの地域に入ることは、ほぼ不可能である。DMZの中で唯一、出入り可能な場所が板門店である。この板門店も韓国人にとっては出入りの大変難しいところである。孫大鉉は、「DMZ は民族分断の象徴として、現在は朝鮮戦争の戦跡地が見られるボーダーツーリズム資源として評価されている」と言う（孫大鉉・崔錦珍、2003：9）。このDMZについてハムは、「DMZは確かに国境である。しかし、そこは国境ではなかった。国境は文化の交差路である。双方の文化が相互交流する属性を持っている。しかし、DMZにはこのような現象が現れない。そこには交流するものはなにもない」（함광복［ハムクァンボク］、1995：9）。確かに、DMZには相互交流する文化は存在していない。軍事境界線は休戦ラインであって国境ではないため、彼の主張には納得できるものがある。

　DMZ観光とは、軍事境界線を中心とした周辺地域に、自然に存在する、あるいは人為的に作られた観光地を観光することである。DMZの中で板門店を除いて観光できるところはない。DMZ観光というのはDMZを見るというより、そこから北朝鮮を覗くものである。軍事境界線から南へ下がった2キロメートル地点が「南方限界線」である。この地点に鉄柵がはられ、ここを韓国軍が警備しているのである。韓国のマスコミでは分断状況を象徴する場として、鉄柵を兵士が巡回をする映像がよく放映される。ここからさらに南に下がったところに民間人統制区域がある。ハムは民間人統制区域を、「非武装地帯南方限界線より5～20キロメートル外に民間人統制線が設定されており、民間人統制線から南方限界線までの地域」（함광복［ハムクァンボク］、1999：400）とし、「休戦ライン一帯の軍事作戦及び軍事施設保護と保安維持目的で民間人の出入りを制限する区域」（함광복［ハムクァンボク］、1999：400）としている。「休戦協定により設けられている軍隊の駐屯や武器の配置、軍事施設の設置が禁止されている非武装地帯とは区分される」（함광복［ハムクァンボク］、1999：401）と、言っているように民間人統制区域は、DMZとは正反対の場所である。「DMZの警備兵は拳銃と自動小銃しか携行できないが、その外側（民間人統制区

域）にいる両軍は、それぞれが半島全体を破滅させるほどの威力を持つ武器を装備している。生物・化学兵器や核兵器を保有している可能性のある北朝鮮は、韓国の首都ソウルに向けて大砲500門の照準を合わせている」（ナショナルジオグラフィック日本版、2003：55）。

　DMZから一歩出ると、そこは最新武器で武装した軍人がおり、戦争が起きた場合には最も早く戦場になる場所であり、この地域を民間人統制区域としている。この地域のなかでの観光が韓国における主な安保観光であり、分断状況を利用した観光である。すべての安保観光地がこの地域の中にあるわけではないが、ほとんどがこの民間人統制区域内にあると言える。民間人統制線は朝鮮戦争後、休戦ラインの防衛を担当していた、アメリカ陸軍第8軍団司令官により1954年2月に設定された。1958年からは韓国軍が担当するようになり、軍事作戦及び保安上支障がない範囲内で民間人による「出入農業」と、「入居農業」が許可された。この地域の一部には、「統一村」が作られ観光地化されているところもある。1990年代以前までは、この区域に入ることさえ大変難しかった。しかし、現在ではこの地域への出入りは以前よりは簡単になり、また民間人統制区域も年々減少している状況であり、より観光化が進んでいくのである。これらの地域での観光は、北朝鮮を覗くことができても北朝鮮の領土を踏むことはできない。このDMZ周辺観光は観光客に、より北朝鮮に近づきたい、DMZを超えたいという願いを抱かせる。そしてそのような願いを叶えたのが金剛山観光である。金剛山観光は、これらの観光地の延長線上で行われた政策として捉えることもできるだろう。

　主な安保観光地における観光客数は次頁の表の通りである。

　表12に表れているように2016年には、2,113,092人が安保観光地を訪れているが、多い時期には、毎年300万人を超える観光客が安保観光地を訪れていた。最も多くの観光客が訪れる観光地は「都羅展望台・南侵用地下トンネル3号・ヘマル村・名医許浚墓」をセットにしたツアーであり、次いで「高城展望台」である。高城展望台は、韓国東海岸最北端に位置しており、金剛山が見える場所として、大変人気がある。1983年に建てら

第 6 章　民族分断と安保観光

表 11　安保観光地観光客動向 (1999-2001)

単位：人[58]

区分	1999			2000			2001		
	小計 (名)	韓国人	外国人	小計 (名)	韓国人	外国人	小計 (名)	韓国人	外国人
計 (名)	3,750,372	3,267,281	483,091	3,799,533	3,630,132	349,521	3,163,038	2,790,461	372,577
板門店	104,482	46,732	60,150	104,441	43,501	60,540	120,000	57,000	63,000
南侵用地下トンネル2号	254,292	253,500	792	281,977	271,996	9,981	176,935	137,963	38,972
南侵用地下トンネル3号	291,659	261,157	30,502	284,145	233,623	50,522	240,591	192,219	48,372
南侵用地下トンネル4号	186,305	185,856	449	155,535	155,535	191	126,083	125,762	321
統一展望台 (オドゥサン)	791,104	439,620	351,484	812,907	652,057	160,850	258,131	207,863	50,268
統一展望台 (高城)	1,010,231	1,003,595	6,636	1,045,250	1,041,259	3,991	920,993	917,391	3,602
愛妓峰 (エギボン)	328,755	328,205	500	265,323	264,123	1,200	240,220	239,500	720
鉄の三角地 (戦跡地)	254,292	253,500	792	281,977	271,996	9,981	176,935	137,963	38,972
白馬高地 (戦跡地)	253,193	233,959	1,234	290,351	289,734	617	168,515	167,453	1,062
都羅展望台 (トラ)	291,659	261,157	30,542	284,145	233,623	50,522	240,591	192,219	48,372
台風展望台 (テプン)				63,476	62,859	617	53,025	52,481	544
乙地展望台 (ウルチ)				110,026	110,017	9	87,149	86,721	428
月井里展望台							176,935	137,963	38,972
労働党舎							176,935	137,963	38,972

[58] 文化観光部『2000、2001、2002 年度観光動向に関する年次報告書』を参考に作成。

れ、離散家族には北朝鮮を偲ぶ場所として、観光客には北朝鮮の金剛山が眺められる場所として多くの人々が訪れていた。1998年から海路において金剛山観光ができるようになってからも、高城展望台を訪れる観光客数は増え続けている。このように毎年300万人を超える観光客が安保観光地を訪れているということは、安保観光が観光商品として定着していることを表している。

2. 教育の場としての観光

2-1. 安保教育の場としての軍関連施設

　韓国政府は反共主義を広報、教育することを政策としている。反資本主義の宣伝が、北朝鮮において極端であることは周知の通りであるが、それは韓国においても同様である。韓国軍は、韓国国民が平和に慣れすぎることを望まないであろう。和解ムードの状況の中で危機意識を喪失してしまうことを軍として避けたいのだ。北朝鮮との首脳会談が行われた2000年の韓国国防部発行の『国防白書』(국방부［国防部］、2000) の発刊の辞には以下のように記されている。「南北関係の発展は、わが軍が確固たる国防体制を整えていたからこそ可能であったと確信しています。そして重要なことは、これから南北関係が進展すればするほど確固たる安保がより切実に要求されるという事実です。すなわち、南北関係と安保環境がどのように変化するかに拘らず、我が領土と領空、領海に侵入するいかなる外部の脅威も撃退し、国民の生命と財産を保護するという我が軍の基本任務と使命にはいささかの変化もないということです」(국방부［国防部］、2000：発刊の辞)。この発刊の辞は、韓国軍の安保に対する基本姿勢は南北関係の変化とは全く関係がないことを示している。むしろ、南北関係がよくなればなるほど、北朝鮮に対する警戒感を意識して高めなければならないと考えているのである。

　そのため韓国国防部は最近、軍管理下にある施設を積極的に開放し国民の安保意識の高揚を図っている。「休戦ライン鉄柵歩き」がその代表的な

表 12　安保観光地観光客動向（2016）[59]

	観光地名	2016年			
		小計	韓国人		外国人
			学生	一般	
陸軍	・都羅展望台 ・南侵用地下トンネル3号 ・ヘマル村 ・名医許浚墓	580,952	61,489	231,624	287,839
	・南侵用地下トンネル2号 ・平和展望台 ・鉄原近代文化遺跡センター ・鉄原DMZ平和広場	138,798	1,167	137,468	163
	・白馬高地戦跡地	52,332	2,431	49,278	623
	・鍵展望台	24,866	467	24,157	242
	・上昇OP	7,809	467	24,157	0
	・勝戦OP	14,999	8,359	6,199	
	・乙地展望台	130,000	128,906	1,094	
	・南侵用地下トンネル4号	93,914	10,798	82,488	628
	・七星展望台	11,911	11,701	210	
	・勝利展望台	15,326	958	14,220	148
	・台風展望台	53,726	5,355	47,663	708
	・陸軍士官学校	27,659	21,574	5,800	285
	・高城統一展望台	528,756	80,325	445,475	2,956
海軍	・海軍士官学校	77,753	11,913	65,506	334
	・平沢安保公園	78,118	20,405	55,800	1,913
	・エギボン展望台	平和公園造成工事中、2018年完工予定			
	・江華島平和展望台	234,411	47,316	185,669	1,426
	・ペクリョン島OP	7,928	411	7,517	0
	・ヨンピョン島戦勝記念館	102	30	72	0
	・浦港歴史館	11,788	2,600	7,552	1,636
空軍	・空軍士官学校	20,735	12,147	8,540	48
	・チョルメ歴史館	1,209	0	1,209	0
	総計	2,113,092	1,812,398		300,694

[59] 文化観光部『2016 度観光動向に関する年次報告書』を参考に作成。

例である。それは南方限界線に張られている鉄柵に沿って歩くという企画であるが、今までは遠くから鉄柵を眺めることしかできなかったのが、鉄柵のそばを歩く体験ができることにより、北朝鮮に近づきたいと願う観光客をひきつける魅力的なツアーができたのである。このツアーは国防部の全面的な協力がなければ不可能なツアーであり、安保意識を高める最も効果的な安保観光ツアーである。北朝鮮の領土である金剛山まで観光できるようになった現在、遠く展望台から北朝鮮を眺めるだけでは物足りなくなった国民の心理に応えたものと思われる。よりDMZに近い、より北朝鮮に近いところを見たい、体験したいという希望と目的を満足させるために企画されたツアーである。韓国国防部はこの他にも、板門店やDMZ、地下トンネルをテーマとした映画を製作し、上映することで人々の安保意識を高めようとしている。

　ほとんどの安保観光地は民間人統制区域の中にあり、大部分は軍の管理下にある。場所によっては兵士が直接観光客に案内や説明をするところもある。例えば、第4地下トンネルでは駐車場に兵士が待っていてすぐ「安保教育館」というところに観光客を案内する。そこで、北朝鮮から韓国を侵略するためつくられた地下トンネルについてのビデオを約15分間見せ、観光客の安保意識を高める教育をする。また、第2トンネルの入口近くにトンネル探索中に亡くなった兵士の慰霊塔を建て、地下トンネルを作り、侵略しようとした北朝鮮への警戒心と韓国国家への忠誠心を強調している。第4トンネルでは、トンネル探索中に死んだ犬の墓と石碑を建て「忠犬之墓」としており、犬の忠誠心まで称えている。その他にも安保観光地には、朝鮮戦争の戦跡碑や慰霊碑など国家への忠誠心に訴える記念碑や記念館が多く存在している。このようなことで安保の重要性を観光客にアピールしているのである。DMZや北朝鮮が眺められる展望台では、兵士と郡職員から説明がある。郡職員による説明の時は観光客は緊張感もなく、集中して聞いていないが、兵士が説明する時には皆が緊張感を持って集中して聞いていた。やはり、同じ安保観光地であっても軍人と郡職員では緊張感が異なり、安保教育面での効果も異なっていた。一般人である郡

第 6 章　民族分断と安保観光

職員は恐い存在ではないが、日頃武器を持っており（案内する際には武器は携行していないが）、民間人とは異なる気迫を持つ軍人に対しては、緊張感を抱き、説明を聞くのにも集中するのである。

　崔吉城は、「南北両国は板門店を通して南北の対立の緊張状態を以って国内的には国民統合を図り、対外的には「敵対双方」を宣伝しながら外交の基点としている」といっている（崔吉城、2000：11）。互いに和解や協力のジェスチャーをみせながらも、いつ緊迫した状況に陥るか予断を許さない南北朝鮮関係においては、緊張感を維持する必要がある。安保観光地は、韓国国民に緊張状態を認識させる良い教育の場になっていると言える。

　DMZ 近くに長年居住し、安保観光地のほとんどを訪れたジンは「西部戦線から東部戦線に至る地域を訪れて心に残る文句は、平和な時、戦争に備えなさい、という文句である」と言っているが（진종구 [ジンジョング]、2002：271）、韓国軍の安保観光に対する狙いはここにあると思う。

　民間人統制区域にある地下トンネルや展望台などでは軍人が観光客を案内、説明し、写真撮影禁止などの注意事項を伝える。金剛山観光でも、バスの中から北朝鮮の村を撮ったり、住民を撮ったりすることができないが、北朝鮮が見える展望台からも北朝鮮に向けて写真を撮ってはいけない。そこは軍事面での重要な場所であり、軍事施設が多くあるからである。民間人統制区域を開放し、地下トンネルなどを積極的に安保観光に利用しながらも、写真撮影を禁止することの狙いは安保の重要性を強調する意図であると見られる。第 5 章で述べたように、陸路での金剛山観光の場合にも、軍事境界線周辺はもちろん、民間人統制区域内での写真撮影などを堅く禁止しているのと同様である。

　安保観光地は、安保教育の現場としての価値が高いということを韓国政府は認識し、これを観光化することによって、より効果的に安保の必要性を広報できると考えたのであろう。文民政権になり、和解ムード一色に覆い尽くされ、統一の夢を見る人が増大した現在の韓国であればこそ、このような安保観光地は国民に対して、国防への緊張感を再認識させることに

重要な役割を果たしているのだと思われる。

2-2. 統一教育の目的とその実態

　韓国統一部は『統一教育基本指針書』の中で「現場教育における統一教育の実施要領と意義」について、「学習者が見学する活動距離を開発し、踏査できる場所を物色するなどの努力を通じて、統一教育の質を高めることができる。例えば、統一展望台、戦争記念館、臨津閣、地下トンネル、鉄の三角戦跡地、金剛山、軍部隊などに関する現場見学を拡大することにより、分断の苦痛を経験し、統一意識を高める」と述べている（통일부［統一部］、2001：130）。現場教育を通して統一の意識を高めることが統一部による現場教育の目標である。しかし、表面的には統一意識を高めるための教育でありながら、韓国政府の本当の目的は別にあるように思われる。韓国政府の意図は、1999年2月に制定された「統一教育支援法」に最もよく表われている。金剛山観光が開放され、統一への期待感が韓国国民の中に拡大されはじめた1999年にこの法律が制定されたことは大きな意味を持っている。大統領令で施行されたこの法律の目的は「統一教育を促進し、支援するにあたり必要な事項を規定することを目的とする」（統一教育支援法第1条）とし、その定義を「この法で"統一教育"というのは、国民に自由民主主義に対する信念と民族共同体意識及び健全な安保観をもとにした統一をするために必要な価値観と態度の涵養を目的とする諸教育を言う」としている（통일부［統一部］、2002：71）。つまり、共産主義国家北朝鮮の主導ではなく、民主主義国家である韓国主導で統一をするべきであり、はっきりした安保観をもって統一をしなければならないということである。統一のための韓国政府による安保教育の重要性を強調しているのである。

　学生を中心対象にした統一教育の結果、一定の成果がうかがえる。以下は2003年2月に「京畿道観光公社」が主催し、統一部と国防部が支援した「大学生DMZ体験ツアー」の感想文である。ツアー参加者が大学生ということもあり、統一を念願する内容の文章が多く、安保の重要性を訴え

る感想文にはなっていないが、分断状況を自覚するようになり、安保教育の成果もあったと言える。DMZで北朝鮮と向きあって緊張している分断状況を実感したことと、早く統一して自由に北朝鮮を往来したいという強い希望が感想文から読みとれる。

「大学生 DMZ ツアー感想文より抜粋」

(http://www.kto.or.kr/korean/event/dmz/godmz)

- 韓半島の平和が早く来ることを願う。韓国の南から都羅まできたが、とても虚しさが残る。都羅から白頭山までいける日を待つ。
- 統一その日を遠く感じない。京義線が完成され、京元線が開通される前に早くその日がくることを期待する。外国の干渉なしで民族自らの統一を我々がしよう。
- 近いうちに「我々は北朝鮮にいく」という企画をしてください。
- 北朝鮮で写真をとれる日が早くくることを願う。統一を願いながら。
- あまりにも遠く感じていた北朝鮮、しかし北朝鮮というところはそれほど遠くないところにあった。都羅山展望台から見られる韓国旗と北朝鮮旗がDMZで向きあっていることが特に印象的であった。しかし、平和に見えるDMZが地雷でおわれている。この地雷が全て除去され、京義線が走り、北朝鮮を自由に往来できる日が早く来る事を願う。統一のその日が早く来る事を祈願する。
- 自由に往来できる渡り鳥のように、笑いが満ちる新しいDMZになることを希望します。
- 一つの国が鉄柵で分かれているのを直接見ると、分断状況が実感できる。なぜ、南侵用トンネルを作り、なぜ探したりするのだろう。互いに良くなることは統一のみなのに、道のりは遠いが、統一はしないといけない。
- 北朝鮮が核を保有し、我が民族が核を保有し、平和、自主統一を外国勢に動かされない力のある国になることを祈る。
- この地に住んでいる全ての人が自由に往来できるその日が早く来ること

を祈る。
- 周辺国家のイデオロギーにより21世紀の唯一の分断国になってしまった韓半島。互いに一つになることを強く願うが、我々は半世紀以上をこのように生きてきた。我々が願う統一をし、半世紀間の別れで涙を流してきた過ぎ去った時間を喜びの時間に。
- 一つだった国が一度分かれると一緒になることは簡単ではないことを感じた。韓国人は皆統一を念願している。私も漠然と統一を願っているだけだったが、統一のために何をするべきか考えてみた。
- 包容というのは、強者が弱者を配慮することであるという言葉が記憶に残る。統一のためには我々が力をつけないといけない。強者、弱者ではなく同胞愛を持った真の強者になるために。統一になり一つになった国として真の強者になることを念願する。
- 統一はそれほど遠くない。
- DMZは本当に魅力のあるところだった。平和と緊張が共存するDMZ。軍事警備区域ではなくグリーンツーリズム地域として探求したい気持ちである。南と北の限界線なしで往来する渡り鳥のように。

　これらの感想文で分断国である祖国において北朝鮮の人にも同胞愛をもって、平和的に統一して、白頭山まで行き来したいということが分かる。このような統一に関する熱望は学生に限らず国民的なものであることが、安保観光地で行った観光後の感想についてのインタビュー結果からわかった。
　以下は、安保観光地を訪れた観光客を対象に2003年9月に筆者が行ったインタビュー調査結果である。

　「質問：観光をしてみてどう思いましたか？観光後、北朝鮮に対してのイメージはどう変わりましたか」
- 60代男性（臨津閣でインタビュー）
　統一をしなければならないと思った。しかし、金正日のせいで統一は難

第 6 章　民族分断と安保観光

しいだろう。金剛山にも行った。<u>金剛山が見たかったのではなく、北朝鮮の生活が見たかった</u>。日頃<u>北朝鮮に関心</u>があった。統一展望台からは北朝鮮が良く見えなかったが、金剛山からは北朝鮮が見えた。金剛山に行って来てからは統一展望台から北朝鮮を見ることに興味がなくなった。

・40 代男性（臨津閣でインタビュー）

　北朝鮮までもうすぐ行けるようになるだろう。昔は北朝鮮に対して恐怖心があったが今は交流もあって恐くない。もうすぐ<u>統一する</u>だろう。今は、<u>北朝鮮を敵だと思わなくなった</u>。<u>北朝鮮は同じ民族</u>である。早く統一することを願う。金剛山は行ってない。行ってきた人が大したことないと言った。<u>北朝鮮に対しての好奇心</u>があって、北朝鮮を遠くからでも見たかった。

・40 代女性（臨津閣でインタビュー）

　<u>北朝鮮に対しての好奇心</u>があった。どのような生活をしているか知りたい。<u>同じ民族</u>である。今は、鉄道もつながり同じ民族という思いが沸いてくる。嬉しくなった。

・80 代女性（安保ツアー参加者）

　<u>北朝鮮の出身</u>で<u>金剛山に行きたかった</u>が行けなかった。ここからでも<u>北朝鮮を見たい</u>。北朝鮮に行ってみたい。<u>同じ民族</u>でありながら行けないことは切ない。<u>早く統一</u>し、北朝鮮の人と仲良く暮らしたい。北朝鮮を眺めてみてかわいそうな気分になった。近くて遠いというのは 38 度線のことである。

・40 代男性（安保ツアー参加者）

　ツアーに参加した動機は、統一運動をしている者として<u>我が国の領土をもっと知りたかった</u>。我が国をより近くから見てみたかった。今は、北朝鮮ではなく我が国だと思っている。<u>早く統一</u>してほしい。

・50 代男性（安保ツアー参加者）

　TV でアメリカ大統領が訪問した時の都羅駅を見た。駅まで行って見たいと思っている時に、このツアーがあることを知り参加した。展望台から北朝鮮を眺めてみたが、鉄道がつながるようになり昔とは違う。<u>北朝鮮を</u>

直接見て胸が痛かった。同じ民族でありながら分断されていることが悲しい。唯一の分断国であるため早く統一しなければならない。
・50代男性（安保ツアー参加者）
　展望台から北朝鮮を見て同じ民族として胸が痛かった。なぜ分断されなければならないのかと思った。早く自由に往来できることを望む。
・40代男性（安保ツアー参加者）
　鉄道局の教育で参加した。北朝鮮とはまず交流をしなければならない。早く統一しなければならない。分断されたままではよくない。一緒に暮らす方がいい。

　インタビューの結果、観光前と観光後では北朝鮮に対するイメージの変化が見られた。観光動機は、北朝鮮に関心があり、より近くから北朝鮮を見てみたいという声が多く聞かれた。観光後は同じ民族であることを認識し、早く統一しなければならないという回答が多くあった。このことから安保観光の統一的な側面、つまり北朝鮮が同じ民族であることを再認識し、統一への期待感を高めることが達成されたと言える。このことは、海路での金剛山観光の際に行った、北朝鮮に対するイメージの変化と類似していた。つまり、北朝鮮に対して同じ民族であることを認識するようになり、統一への願望が強くなっていくのである。しかし、陸路での金剛山観光の際のインタビューでは、北朝鮮に対して同じ民族であることを認識するよりは、体制が異なる、生活が異なるなどの異質感を感じるものであった。その異質感を同質感に変えたいという思いが「統一」への願望にあらわれたと言える。DMZ周辺観光と、海路での金剛山観光では、同じ民族であることを認識するようになり、統一への期待感を強めることに対して、陸路での金剛山観光では、むしろ異質感の方が強くあらわれた要因は、「軍事境界線」を越える体験をすることと、しないことの違いではないだろうか。つまり、軍事境界線を越えることによって、北朝鮮に対してより強い異質感を感じるからであろう。

第6章　民族分断と安保観光

3. 教育の場から観光化へ

3-1. 板門店観光

　安保観光地訪問動向の表にあらわれているように、板門店に限っては外国人観光客の数の方が多い。というのは民間人統制線の中、DMZ周辺にあるほとんどの安保観光地が韓国人はその日に申請し、その日に観光できるのに対して、板門店だけは例外である。安保観光の一環としての修学旅行などに利用されることもあるが、個人観光は受け付けていないので団体での観光申請になるが、申請してから許可までに身元調査などで2ヶ月から6ヶ月の時間がかかる。観光希望者は国情院（旧安全企画部KCIA）の「対共相談所」というところに申請するが許可がおりてからも保証人を二人たてる必要があること、同じ世帯の人は同時に行けないことなど、観光許可に要する手続自体が大変難しくなっている。筆者も板門店観光を扱っている旅行社や国情院などに問い合わせるなど板門店訪問の方法を模索してみたが結局断念するしかなかった。30人以上の団体での申し込みでないと個人での訪問はほぼ不可能である（통일부［統一部］、2003：160）[60]。このように厳しく韓国人の訪問を統制する理由は、板門店が国連やアメリカ軍の管理下にあることと、万が一起き得る突発事件防止のためだろう。しかし、2004年からこの板門店の警備は韓国軍単独になり、板門店には韓国軍と北朝鮮軍のみが残った。しかし、指揮統制権は国連軍司令部が引き続き持っているため、駐韓アメリカ軍の一部及び中立国監視団が駐屯している。

　1964年に韓国人観光客が板門店観光中に、北朝鮮に亡命したという記録があることから（김인영・김재한편［キムインヨン・キムゼハン編］、1999：311）、1960年代には既に観光が始まっていたことが分かる。1976年の北朝鮮軍によるアメリカ軍への殺傷をはじめ様々な事件や南北会談な

---

[60] 板門店訪問に関する規定 1992.9.14 施行

どにより板門店は世界的に注目されるようになるが、板門店観光を最も有名にしたのは韓国映画「JSA」であろう。JSA（Joint Security Area）は「共同警備区域」の頭文字で、映画「JSA」は、板門店を警備する韓国軍兵士と北朝鮮軍兵士との友情と葛藤を表した作品である。映画「JSA」は日本でも公開され、以後、日本人の板門店観光への関心も高まってきたと思われる。映画「JSA」は、1997年に出版された『DMZ』（박상연［パクサンヨン］、1997）という小説を映画化したものである。実際は、小説や映画のように両軍の兵士が簡単に交流できるものではないが、かつて板門店の中で起きた両軍による銃撃戦などからヒントを得て作られた作品であると思われる。事実以下のような報告書が存在する。1998年2月に板門店を警備していた金中尉という軍人が亡くなった事件があった。韓国国防部が調査した結果「1996年と1997年の間、北傀[61]と会話し、物品を受け取った24名を摘発し、その内、軍事境界線上で30回接触をし29点の物品を受け取った金中士[62]を、国家保安法違法などで起訴した」（국방부　특별공동　조사단［国防部特別共同捜査団］、1999：1）としている報告書から、JSAの中で韓国軍と北朝鮮軍との交流が行われていたことは明らかである。この報告書には「このような対北接触は、北傀軍と対面勤務する板門店の勤務条件と好奇心から生まれたものであり、北傀軍に包摂された事例はない」としている。北朝鮮軍への包摂事実関係はともかく、映画「JSA」のように北朝鮮軍への好奇心から北朝鮮軍との接触に至ったのは事実のようだ。また日本人にとっては、イデオロギー、民族感情、そしてアクションがあり、日本にはない珍しい題材であったこともあり、人気のあった映画であり、この映画によって板門店は日本人とっても興味深い場所になったと言える。

---

[61] 北朝鮮を悪く表現する時使う言葉。
[62] 軍曹に当たる。

3-2. 臨津閣観光

　「臨津閣」は朝鮮戦争後離散家族の「望郷」の気持ちを癒す場になっていた。「臨津閣」にある、「臨津江地区戦跡碑」の建設由来は「韓国戦争[63]当時の激戦地域である臨津江地区に戦跡地を開発することによって国家安保意識を固め、反共教育の生の資料、健全な観光資源として活用することにある」としている[64]。

　従来、臨津閣はなんの制限もなく、許可なしで通行できる韓国最北端の離散家族が北朝鮮の土を偲ぶ場としての役割をしていた。望拝壇は、北朝鮮が故郷である人々のために1985年韓国政府により建てられた。その他、1983年、ミャンマーでの北朝鮮のテロ（ラングーン事件）により亡くなった17名の慰霊碑、アメリカ軍参戦碑などがある反面、統一池、平和の鐘などがある。統一を念願しながらも、一方では北朝鮮を敵として憎むような記念碑などがある。ここにも、韓国政府の安保と統一を併用した政策がみられた。

　自由の橋は、以前は渡ることができなかったが、2000年からは新しく補修し、観光客が橋の上を歩けるようになっていた。この自由の橋の鉄条網には、南北統一を念願する文言が掲げられている。その他、平和の鐘、平和の石、平和の池など新たな観光場所を多く作っている。その上、分断や安保観光とは全く関係のない、遊園地のような娯楽施設を作ったりしていた。かつて、北朝鮮をながめることができた最北端の場所は、民間人統制区域の中まで観光することができるようになった現在では、臨津閣の観光形態は変化をせざるをえなかったのであろう。よりDMZの近く、より北朝鮮の近くまで行きたいという韓国人の気持ちからしては臨津閣は今ではもう神秘的な存在でも、望郷の場でもなく、単純にツアーの集合場所に過ぎなくなっているのであろう。臨津閣は、民間人統制区域の入口であ

---

[63] 朝鮮戦争のことを韓国では韓国戦争という。
[64] http://city.paju.kyonggi.kr 臨津閣の管轄市であるパジュ市が運営しているサイトの安保観光に関する案内より引用。

り、そこから軍事境界線まではかなりの距離があるにも関わらず、臨津閣から見える山や川が北朝鮮の領土であると勘違いする観光客が多い。しかし、DMZ 近くまで観光できるようになった現在は、そのような勘違いもなくなり、臨津閣から見える風景も以前より大きな意味を持たなくなったと思われる。

3-3. 戦争記念館

　1994 年ソウルに開館された戦争記念館の建設目的は「護国資料の収集・保存及び展示、戦争の教訓と護国精神を学ぶ教育の場、勇士の護国偉勲を記念し、追悼する」（戦争記念館案内パンフレット）こととされている。この戦争記念館は、修学旅行や社会見学などで多くの学生が訪れ、安保教育の場としての最も効果的な意味を持つ場所と言えよう。2002 年、企画展示として DMZ や板門店の模型が展示されており、DMZ や板門店に行けない人の疑似体験の場になっていた。

　しかし、グリンカーが指摘しているように、「1989 年に戦争記念館を建設する計画が当時の大統領や国家によって発表された時、国民の間では反対の意見もあった」（グリンカー、1995：33）。それは、朝鮮戦争という民族の悲劇に焦点を合わせて、資料を保存、展示することに対する反対であったと思われる。もちろん、朝鮮戦争関係のみを展示するのではなく、長年の韓国が侵略された歴史を展示する計画なのだが、国民にとってはどうしても記憶に新しい朝鮮戦争の悲劇を思い出させるものであった。韓国には、すでに日本植民地時代のことを展示する独立記念館が建てられているが、独立記念館を建てる時は反対の声はあがらなかった。そこに、戦争記念館と独立記念館の認識の違いがある。

　戦争記念館の建物の広場には、最先端の武器が展示されており、訪れる韓国人に対し、韓国の軍事力を誇示する反面、安保意識を高める目的である。「戦争の記憶の場合であれば、敵対の構図もそのまま保存されてしまうことになる」（小川、2002：61）。韓国の戦争記念館は、朝鮮戦争という戦争の記憶を保存展示することによって、北朝鮮との敵対構図を観覧者に

再認識させる意図が含まれている。「戦争博物館は、戦争をわすれないようにすることで戦争の再発を防ぐためのものと考えられている」（ジュディ、2002：78）。また、戦争を忘れさせないことによって、戦争の再発を防ぐために、安保が重要であるということを認識させるのである。

3-4. 新たな安保観光の開発
1）トラ山駅連携安保観光ツアー

　韓国政府や民間旅行会社による、分断状況を利用した観光商品は常に開発され続けている。代表的なのが安保観光地をめぐるツアーの開発である。しかし、韓国人の国内観光の特徴でもあるが、あまり前もって予約をする観光ツアーは好まれないため民間で行なっている安保観光ツアーはあまり活性化していない。民間で行っているDMZ観光ツアーの代表的な会社が「板門店トラベル社」である。この会社が主催しているソウル市内から出発するDMZ観光ツアーなどは外国人向けが殆どである。安保観光ツアーは、民間人統制区域にあるため、個人での観光は許可されない特殊性がある。金剛山観光と同じように団体での観光しかできないし、同じく制約が多いツアーである。韓国ではまえもって予約する観光ツアーは好まれないとは言っても、DMZ観光ツアーについては今のところ、団体で予約する以外には行く方法がない。板門店トラベル社などが実施しているセットのツアーに参加すると自家用車で行くより何倍もの費用がかかるためあまり人気がない。民間旅行社の韓国人対象のツアーはいくつか開発されたが、ほとんどツアー客募集の段階で失敗する。

　首都圏から比較的近い距離にある安保観光地へは自家用車や公共交通手段を利用する方が費用が安いからという理由で、参加者は安保観光ツアーの出発地までは、個人の車などで行き、団体でしか行けないところのみ安保観光ツアーバスに乗るというケースが一般的である。

　安保ツアーの中でも坡州（パジュ）市により行なわれている「都羅（トラ）山駅連携安保観光ツアー」が最も多くの観光客を集めている。ソウルから近い距離にある坡州市は最も多くの安保観光資源を持っている。2002

年現在は新しい観光地も開発され、さらに多くの観光客が訪れている。このツアーは、臨津閣―都羅山駅―都羅展望台―第3トンネル―統一村という観光コースを関連軍部隊や退役軍人会と連携して実施しているものである。「国防部は2002年4月4日、都羅駅一帯を世界的安保観光団地に開発すると協議した国家安全保障会議の決定により、来月から本格的な工事を行うことにした。これに先立ち11日都羅駅開通とともに休戦以降49年ぶりに民間人統制区域に観光列車を運行すると発表した」(『国防新聞』、2002年4月5日付)と掲載しているように、この安保ツアーは国家機関である国防部の主催で行われている。坡州市と関連軍部隊が連携して行なうDMZ周辺観光は、都羅山駅から観光バスに乗り、都羅展望台、第3トンネル、統一村を観光するツアーである。個人での観光はできず、必ず団体で観光バスに乗って観光するようになっている。2002年からは民間人統制区域内の都羅山駅まで電車が通るようになり、この駅をアメリカの大統領と韓国の大統領が一緒に訪問したこともあり、都羅山駅は観光地として注目されるようになった。都羅山駅から第3トンネルに行くバスの中からは写真撮影は禁止であることを運転手から案内があるが、これは北朝鮮の金剛山観光と変わらない。道の両側には所々に「地雷」と書かれている場所があり、緊張感を味わうことになる。都羅駅での撮影においても、北朝鮮に向けての写真撮影は禁止するなど厳しい制限をしている。トンネルも外からは撮影できるが、トンネルの中は写真撮影が禁止されている。

　バスによる展望台までの道には韓国の国の花であるムクゲが植えられ、また都羅駅にもムクゲの写真を掲げるなど民族主義を強調するような試みも見られた。また、都羅駅前には「平壌入城先頭部隊」という部隊の看板も大きく見えるように掲げてあり、緊張感を増す効果を与えている。

　安保ツアーのバスの中では、運転手がまず、「軍事保護地域での注意点として、ビデオカメラ撮影は全面禁止であり、写真は指定された場所のみにて撮影可能で、違反した場合はフィルムを没収する」と説明する。ビデオカメラはズームがあるという理由で民間人統制区域のなかでの撮影は全面的に禁止しているようだ。都羅展望台からの撮影は、望遠鏡が設置され

第6章　民族分断と安保観光

ているところから約3メートル離れた場所からのみ北朝鮮に向けて撮影することができる。そこには撮影可能場所が設けられており、兵士が監視している。ある意味では金剛山観光より厳しい撮影制限である。ツアーの途中の道には「西部戦線異常なし」という、立て看板がよく目に入り、韓国軍が安保を厳重に守っていることのアピールのように見えた。統一村（DMZ（非武装地帯）にある民間人が住む唯一の村）については運転手は「統一村は元来、米軍部隊が駐屯していたが、部隊が北朝鮮から近いこともあって、北朝鮮軍により米軍が殺害された事件もあり、米軍部隊は撤収し、その後に退役軍人などで構成された統一村ができた」と統一村の特殊性について説明する。

2）鉄の三角戦跡地見学コース

　韓国の江原道にある、第2地下トンネル、鉄の三角戦跡地、朝鮮戦争時の労働党舎などは一つのセット観光になっており、「鉄の三角戦跡館」というところで申請をし、郡の職員の案内車を先頭に観光バスや個人乗用車などが列をつくって第2地下トンネルや鉄の三角展望台まで行ける。江原道の鉄原郡と楊口郡は、朝鮮戦争の時の激戦地域であり、それらを安保観光地として開発している。また新しい戦跡地開発の動きも活発である。2002年6月22日に新たに作られたトソル山戦跡地がその例である。楊口郡には第4トンネルがあり、他のトンネルと比べて案内軍人も親切で、入口の写真撮影も許可されるなど、規制は比較的緩やかであると思われた。このトンネル前では1996年に「DMZの現在と未来」についての討論会が行なわれたこともあり、筆者の研究にも協力的であった。韓国政府は、1987年に約20億ウォンを投じ朝鮮戦争当時の戦跡地や労働党舎、地下トンネル第2号などを戦跡地観光地として開発した。戦跡地開発は「戦跡地観光地の開発は朝鮮戦争戦跡地と民間人統制線一帯に保存されている自然景観及び戦跡観光資源を発掘、開発し戦後世代に正しい歴史意識を向上させる場として活用し、我が国を訪問する外来観光客に特色ある観光経験を提供することである」（문화관광부［文化観光部］、2001：102）としている。

167

このように 1980 年後半から始まった戦跡地観光地開発は、1990 年代からは本格的に開発されるようになる。

3）脱北者を利用した安保観光ツアー

「脱北同胞と共にする非武装地帯観光」という安保ツアーが 2003 年 3 月から行なわれていた。1998 年から始まった北朝鮮から韓国への脱北者は、2003 年には約 3,000 人であったが、2016 年現在では約 30,000 人の脱北者がいると韓国統一部は発表している。筆者は、2003 年 8 月 20 日に、「北朝鮮亡命者との非武装地帯観光」に参加した。このツアーは、板門店観光などを専門にしている「板門店トラベル社」が行っている「日本人向け」のツアーである。筆者が、日本人向けのツアーに参加した理由は現在韓国人向けの北朝鮮亡命者との非武装地帯ツアーが行われていないことが理由である。費用が高いこともあり、韓国人はツアーには参加しない。その上、マスコミなどで脱北者からの証言や北朝鮮の実情が多く知られるようになり、お金を使ってまで彼らの証言を聞きたいとは思わないようだ。

図 11　統一展望台内北朝鮮館で説明する脱北者[65]

---

[65] 身元露出防止のため顔を隠した写真を掲載した。

第6章　民族分断と安保観光

　日本人観光客が脱北者に対して最も興味をもっている部分は北朝鮮での生活と現在の生活であった。テレビなどマスコミで報道されているような生活が確かであるかを確認したいようだ。このツアーに参加したある日本人に対して、ツアー参加動機や観光後の感想などについてインタビューを行った。

　20代女性（長野出身）
　韓国に着き、ガイドさんから「北朝鮮亡命者との非武装地帯観光」のツアーがあることを聞き、なぜか行きたいと思った。歴史のこと、テレビ報道などから知り得た北朝鮮の現状、隠されるほど知りたくなる人間の心理的なもの、現在盛んにいわれている拉致問題などから行くことを決めた。北朝鮮の印象は謎に包まれている不思議な国であり、この国を知りたい好奇心でツアーに参加した。
　韓国と北朝鮮の国境に向かう道中には、たくさんの兵士が周囲に目を配らせ、緊迫した空気を察した。北朝鮮での生活などを具体的に説明する脱北者の姿が不思議に感じられた。子供の頃から洗脳教育の元で育ち、信じていたものに現在異議を唱え、私達にその悲惨さを伝えている・・・・複雑な気持ちだろう。脱北者には日頃興味を持っていた子供の教育や遊びに関して質問した。
　第3トンネル内は、重たい空気と、湿気、暗いことも手伝って異様な雰囲気だった。ここを北朝鮮の人が何を思い、掘り進んだのか考えると暗い気持ちになった。
　都羅（トラ）展望台では、北朝鮮を高台から双眼鏡を使って、人の姿も見られ、念願も叶い、不思議な満足感でいっぱいだった。ここで疑問に思ったのは、ここに来ている韓国人はどのような思いで来ているかであった。日本人の私には集団で双眼鏡を覗く様子は理解できなかった。同じ国の人が同じ国を見る、知りたい気持ちはどのような気持ちだろう。
　都羅駅に書かれていた、統一への思いが伝わり、しばらく考えてしまった。戦争は国と国が起こした悲劇であり、私達日本人は過去において、取

り返しのつかないことを起こしてしまった。

　このインタビューを通して、日本人の場合、北朝鮮のように隠されたものに対する好奇心からDMZ周辺観光に参加したがっていることが覗える。その上、日本でもマスコミなどで盛んになっている拉致問題や脱北者問題などから北朝鮮に対する好奇心があったと思われる。また、ツアーでは観光客は、緊迫感や異様な雰囲気を感じていた。

4）金剛山観光と安保意識の強調

　金剛山に陸路で行く際のバス道路からは韓国側の東海岸を眺むことができる。この場所は、北朝鮮の工作船やスパイが侵入するルートとして利用される場所でもあるため、海沿いには鉄柵がはられている。「朝鮮戦争後、北朝鮮からの工作員や工作船の侵入事件は数百件にもなる」（김인영・김재한편［キムインヨン・キムゼハン編］、1999：310-319）と述べているが、その中でも海岸を利用した工作員や工作船の侵入は非常に多い。最近の東海岸での北朝鮮からの武装工作員の侵入には1996年9月18日に発見された北朝鮮潜水艦侵入事件がある。潜水艦を利用して侵入した北朝鮮の工作員は、潜水艦の座礁により証拠を消すために潜水艦に放火し、海岸沿いにある鉄柵を越え韓国側に侵入したが、ある民間人に潜水艦を発見され、韓国軍と北朝鮮の工作員との銃撃戦になり、北朝鮮工作員25名が死亡、1名が捕まったが、韓国軍11名、民間人6名が死亡した痛ましい事件であった。

　この潜水艦が発見された場所に「統一公園」が作られている。統一公園が造成された趣旨について「1996年9月18日に北朝鮮武装潜水艦が侵入してきたことを契機に、潜水艦が座礁したこの場に、北朝鮮の潜水艦と退役海軍戦艦を展示し統一の念願のための体験安保意識向上を目的としてここに造成した。また、北朝鮮の潜水艦の侵入の際の銃撃戦の犠牲になった犠牲者慰霊塔とベトナム戦争参戦記念塔設立で統一安保教育の場として作られた」[66]としているように当時の潜水艦を安保教育の教材として利用

しているのである。展示品としては、鉄条網があり、潜水艦の座礁当時、鉄柵を越えて潜水艦から脱出する場面を再現している。鉄柵は、東海岸のみではなく、韓国の西海岸にも張られており、韓国人であればその鉄柵が北朝鮮からの工作員の侵入を防ぐものであることは十分認識している。鉄柵は、安保の象徴物である。

韓国統一部発行の『統一教育基本指針書』には、「最近、統一関連教育機関を中心に統一キャンプ、統一学校、統一資料室運営などを通じ学習者に多様な統一体験ができるよう指導し、北朝鮮にある金剛山に修学旅行に行くなど、多様な体験学習を提供していることは大変有意義なことである」(통일부[統一部]、2001) としている。このことから、韓国政府が金剛山観光を統一政策の一環として支援していることが分かる。

反面、金剛山観光を通して、安保意識を高めようとする政策もとっている。道路から良く見える場所には「武装スパイが頻繁に出る所」と書かれた看板が立てられており、見る人に緊張感を与えていた。北朝鮮に対して融和的な統一政策を取る反面、安保の重要性を強調する政府の思惑が覗える。金剛山に着くまでの韓国側民間人統制区域では、「敵侵入地域1971」などと書いてあり、何年、何月、何日に武装スパイが何人捕まり、何人射殺された、などの表示が道路脇に立っており、観光客に安保意識を持たせようとしている。また、韓国軍人向けのものであるかも知れないが、「私の命、祖国のために」と、大きく書かれており、韓国国民の愛国心を向上させる効果を狙う。50年以上もお互いに銃を向け合い、敵対関係を続けてきた両側が軍事境界線を越え交流をすることは確かに画期的なことであった。しかし、そこには今なお緊張関係が存在している。

筆者が同行した金剛山陸路観光ツアー客へのインタビューの中で、「北朝鮮からの工作員の侵入の話は韓国によって作られていたものではないかと疑っていたが、軍事境界線を実際に越えて見て、本当だったことがわかった」と、いう答えがあった。鉄柵や軍事境界線を見て北朝鮮に対する

---

[66] カンルン市公園管理事業所：http://www.gangneung.gangwon.kr。

警戒心と安保意識を高めることになり、韓国政府としては国民に安保と政府に対する信頼感を与えることになり、政府の意図は達成されたと言える。金剛山観光は、統一と安保を併用した政策をとっている韓国政府の意図が見られた観光であった。

「安保は国民が合意した体制と理想の安全を保障する努力及び装置であり、これより優先されるものはない。安保の問題が適用される領域はこの安保を威嚇する相手勢力への情報漏れを防止するための対人、対物、対空間の厳格な制限性、遮断性、秘密性、強制性を持つ」（신정현［シンジョンヒョン］、1988：41）と、述べているように、安保は閉鎖的であり統制的ある。反面、観光は日常生活から離れた開放感や自由を追求するものである。この相反する特性を持ちながら、政府の思惑と観光客の好奇心を充足させているのが安保観光である。

韓国政府により1970年代はじめからDMZの中の文化財や生態が調査されてきたが、DMZを観光に利用しはじめたのは1980年代からである。1980年代後半から開発されはじめた、分断状況を利用した観光は、1997年から地方自治体により本格的に開発されるようになった。韓国政府は安保と統一の側面から、地方自治体は経済的な観光開発の側面からとそれぞれの思惑により観光政策が積極的に行われ、年間300万人を超える観光客が分断状況を利用した観光地を訪れている。しかし、金剛山観光が南北情勢により予断を許さない状況におかれていることと同様、この地域での観光は常に緊張感が絶えない観光である。日韓ワールドカップ開催中であった2002年、海上での銃撃戦があり、統一展望台などへの観光客の出入りが禁止されたこともあり、また2003年7月にはDMZ内での銃撃戦があり、観光が中断され、民間人統制区域に外部から仕事で来ていた人が一定期間村の外に出されるという事態もあった。このように、DMZ周辺の観光は常に和解ムードと対立が共存している南北朝鮮の象徴的な場所である。

韓国政府は国民に対して、北朝鮮に対する安保保障的な危機感の醸成を促すいわゆる「安保」と同時に民族の分断、国家の分裂の悲劇を再確認さ

せ、南北の統一実現の悲願の達成を促すいわゆる「統一」の観点から安保観光を推進している。しかし、現地調査で明らかになったことは、「安保」の側面の方に比重を置いた観光政策であり、安保意識の醸成に工夫をしているということである。このことは国家が観光を利用して、「安保」を重視した国民教育を行おうとする意図が反映されている結果だと言えよう。また、「統一」の側面にある根本的なものは安保であり、統一意識を高めながらも国民の安保観を保持させようとする政府の思惑があった。一方観光客は、筆者のインタビュー結果によれば、安保観光に参加した動機は北朝鮮への好奇心や普段見ることや訪れることのできない場所に行きたいという通常の観光動機と同じく非日常性を求めていることがわかった。そこを訪れた人々の多くは「安保」意識よりは、漠然とした統一への期待感や願望を強くし、北朝鮮に対する同民族意識を改めて強く自覚するといった「統一」意識の感想が引き出された。こうしたことは、金剛山観光を検討した結果でも同様であった。

結　章

観光人類学的側面から見る民族分断と金剛山観光

1. 観光類型の特異性

　本書では、金剛山観光現象の背後にある歴史・政治・社会的な脈絡を考察してきた。その結果、以下のような結論を引き出すことができた。
　まず、景勝地としての金剛山の歴史的な評判は高麗時代から李氏朝鮮時代に至って蓄積されており、この金剛山のイメージが日本植民地時代に朝鮮総督府の金剛山観光開発を生み出し、分断後の南北朝鮮における最初の観光開放地として選定される一つの要因になった。また、金剛山を訪れる韓国人観光客はこの歴史的に形成された景勝地としての金剛山のイメージに加えて、北朝鮮に対しては特殊な場所というイメージを併せて持っていた。しかし、歴史的に形成された景勝地としてのイメージより、分断国家というイメージの方が前面化していた。それは、名山とされていた金剛山のイメージに対する実物を見てからの失望感からくるものと、北朝鮮に足を踏み入れた体験の衝撃がより強いことからくるものであった。さらに、この観光体験者のイメージの変化を検討してみる時、韓国政府は、金剛山観光やDMZ観光を通して、安保と統一を併用した政策を取りつつも、統一よりは安保の側面に軸足を置いていることが明らかになった。それに反して、金剛山やDMZを訪れる韓国人観光客は観光後は北朝鮮に対して安保的恐怖心よりは、同じ民族であることを再認識するようになり、統一を念願するようになるなど、韓国政府の意図と韓国人観光客の間には意識のズレが見られたのである。

結　章　観光人類学的側面から見る民族分断と金剛山観光

　以上の結果を踏まえた上で、結章では、分断国家である南北朝鮮を繋ぐ役割を果たしている金剛山観光が持つ特徴を明らかにした上で、金剛山観光が生み出す新たな可能性を提示したい。

　まず、従来の観光人類学研究成果を参考に、既存の観光類型に従って金剛山観光の特異性について考察を試みるが、金剛山観光のような特異な観光現象を、既存の観光類型に当てはめようとすることには無理がある。しかしここでは、敢えて金剛山観光現象を既存の観光類型に沿って分析を行おうと思う。そうすることによって金剛山観光が既存の観光類型に当てはまらないという結論を浮き立たせ、この観光がいかに特異性を持っているかを明らかにすることができるからである。

　スミスは、観光人類学研究分野において最初に、観光活動における観光類型を5つに分類した（スミス、1991：6-9）。「少数民族観光」「文化観光」「歴史観光」「環境観光」「レクリエーション観光」の5つの類型である。スミスの分類に沿って、金剛山観光の観光類型の分析を試みたい。まず「少数民族観光」は、韓国人にとって同じ民族が暮す北朝鮮エリアの金剛山観光の目的は自分とは違う少数民族への好奇心でないことは明らかであり、当てはまらない。さらにいえば地元住民の家や村の訪問はもちろん、数人の環境監視員以外の北朝鮮住民との接触は全く出来ない。お土産として作られた工芸品はあっても、それを売る側も観光者と同じく韓国の現代グループである。これらのことから考えると、「少数民族観光」類型には該当しない。

　次に、「文化観光」とは、消えてしまった生活習慣のなごりである「絵画的な美しさ」（picturesque）や「地方色の豊かさ」（local color）」（スミス、1991：6）を目的とした観光であるという視点から見ても、金剛山観光がその枠組みの中に入るとは考えにくい。さらに「歴史観光」に関しては、金剛山は朝鮮民族にとって歴史的に名山としてのイメージが蓄積されていることから、一見「歴史観光」に当てはまるようだが、「ローマやエジプト、インカに見られるような、過去の輝かしい歴史を強調した博物館である大聖堂を巡回するような観光形態（スミス、1991：7）というスミスの説

明から考えると、朝鮮民族にとって共有する美しい自然のイメージがあるだけでは、「歴史観光」の要件を満たしているとは言えない。

そして、「環境観光」に関しても、金剛山には登山コースがあり、学究的な旅行者が人間と土地との関係を見極める目的の可能性を秘めていることから「環境観光」に当てはまるように思われるが、厳密に考えると、高さ1,639メートルしかない金剛山はトレッキング観光の要素もなく、現在は頂上までいける状況でもない。

唯一、スミスの観光形態の中で、将来的に当てはまる可能性を内在している観光類型は、「レクリェーション観光」であるといえる。現在は、レクリェーションを楽しむような施設は整備されていないが、スキー場やゴルフ場の建設が予定されており、今も海水浴場などは開放されていることから、「レクリェーション観光」というスミスの観光類型に当てはまる可能性を多少なりとも内包しているといえるかもしれない。しかし、金剛山観光が観光学的に大きな意味を持つのは、これらの類型以外の部分にあると言える。つまりスミスの観光類型のどれにも当てはまらない部分を持つ特殊的な観光であると考えることができる。

橋本は、スミスが分類した5つの観光類型に加えて、以下の3つの分類を追加している。「①「異人性の解消」―異人性を保ちつつ一つの異郷を知悉し、そこで自在に振る舞える「楽しみ」。②「多様な異人性」―さまざまな異郷を訪ね歩き、土地土地での異人性を楽しむ。③「辺境でのさらなる異人性」―辺境に出かけ、さらなる異人性を感じ取る「楽しみ」。」（橋本、1999：34）。しかし金剛山観光は、長い間分断されてはいたが、同じ民族を訪ねる観光であり異人性を楽しむ観光の分類とも異なるといえるだろう。このように金剛山観光はスミスや橋本のいう既存の観光類型とは異なる特殊性を持っている。当然、この他にも様々な地域での観光類型の研究成果があるが、筆者が調べた限り金剛山観光類型に適切に当てはまるような観光類型を見出すことは出来なかった。金剛山観光は他に類を見ない特殊性を持っていることが指摘できる。

結　章　観光人類学的側面から見る民族分断と金剛山観光

2．ホストとゲスト論から見る金剛山観光

2-1．ホストとゲストの定義から見る金剛山観光の変則性

　江口は、「観光現象というものは経済的に大きな意味を持つだけではなく、じつに綜合的であり、南北問題、政治、社会文化などが複雑に絡みあっている。現地の人にとっては、自分たちの経済生活だけではなく、文化的な状況まで他人に影響されるという意識が強く、実際にそのような状態が観察される」（江口、1998：101）と述べている。一方、スミスは「社会の衰退の責任をなにもかも観光活動や観光客そのものに押し付けるべきではない」（スミス、1991：24）とし、ホスト側の文化の変容はゲスト側の観光活動とは関係のないところに起因しているとした。つまり観光活動はホスト社会にさほどの影響を与えず、ホスト側の文化の変容はもっと別のホスト側における根本的な問題であると論じた。これらの論から考えると、金剛山観光はホスト側が受ける影響は最小限に制限されており、その制限はホスト側の政府によるものであることが言える。

　金剛山観光には、これまでのホストとゲスト論では説明できない特殊性が見られる。そのため、金剛山観光におけるホストとゲストに関する定義をしておく必要があると思われる。一般的には、ある一定の対価を受け取り「接待をする側」がホストであり、対価を払い「接待を受ける側」つまり観光客がゲストになる。観光費用を払い接待を受ける側つまり韓国人観光客がゲストであることは一般的なゲストと同様である。しかし、ホストに関しては、金剛山は北朝鮮地域に存在しながら、実質的なホストは韓国政府および韓国の民間会社の現代グループであるという変則性が存在している。次頁の表13は、金剛山観光におけるホストとゲストの役割とその目的を説明した表である。

　最も一般的なホストとゲストの形態は、現地の旅行代理店（宿泊、交通、案内を含む）と現地の住民（従業員、住民を含む）がホストになる。表13から考えると、ホストＢとホストＣに該当する。一方、金剛山観光に

表13 金剛山観光におけるホストとゲスト関係[67]

名称	対象	役割	目的
ホストA	北朝鮮政府	場所の提供・監視員派遣	外貨獲得（観光客1人当100ドル）
ホストB	金剛山観光総会社	現代グループとの交渉（合意書交換など）	名目上の北朝鮮の旅行会社・実際は北朝鮮政府機関
ホストC	北朝鮮住民（最小限の人）	観光客の監視・レストランでの接待・入出国業務	北朝鮮政府からの指示、給料を受け取る
ホストD	現代グループ	観光客の募集・接待	経済的利潤（開発優先権）
ホストE	韓国政府	積極的な支援（経費など）	政治的目的（対北朝鮮政策の一環）
ゲスト	韓国人観光客	観光費用を払う	観光

おいては、北朝鮮政府（便宜上ホストAとする）、北朝鮮旅行会社（ホストB）、北朝鮮住民（ホストC）、現代グループ（ホストD）、韓国政府（ホストE）という5者のホストが存在する。ホストA、B、Cに加えてホストD、Eが存在する観光形態は稀ではあるが、後述するように他地域においても行われている。ただし、金剛山観光は観光客を受け入れる側の政府ホストAと、送り出す側の政府ホストEにおける政治的に特殊な関係上、ホストEがホストAの役割をもしていることが、他の地域との大きな違いである。

　なぜ、このような変則性が表われるのか。本書の第3章で論じたように、韓国政府は、政治的な意図から北朝鮮に金剛山観光開放を要請し支援している。つまり韓国政府は、金剛山観光の仕掛け人である。また、現代グループは、観光地の全てのインフラを整備し、観光客の募集から観光地での世話まで全てを行っている。いわば実質的なホストである。現代グループは、北朝鮮が外貨獲得という目的から金剛山を開放したものの、完全な対外開放はできないという体制上の制約があるため、北朝鮮に代わっ

---

[67] 筆者作成。

て実質的なホストの役割を果たしているのである。このように、金剛山観光にはホストとゲストの変則性が存在し、その理由は北朝鮮と韓国の政治的な関係において生じていることが明らかになった。

2-2. 他地域とのホストとゲストの比較

　上記のように金剛山観光にはホストとゲストの変則性がみられる。この変則的なホストとゲスト関係を、他地域でのホストとゲストの研究と比較しながら考察していきたい。

　江口は、カリブ海地域で行われている「オールインクルーシブ方式のホテル」という特殊な空間が持つ意味を、それを期待する観光客と現地の人たちとの力関係において考察した。「ホテルはほとんどの場合、壁やフェンスで物理的に囲われており、ホテルの背後の浜辺ですら外部から接近できないように遮されている」(江口、1998：104) と述べているように、欧米からの観光客は、限られたホテル内での従業員以外の現地の人とはほとんど接触をせず、この浜辺のホテルで過ごすことができる。またこのホテルは、ニューヨークにある本部によって直接に管理され、観光客の観光費用もすべて出発前に支払われている。この点において金剛山観光とよく似ている。現地の人と接触しないことは、ホテルを経営する会社側の意図と観光客の希望であって、現地の人の望むことではないことも同様である。ただし、金剛山観光は現代グループや韓国人観光客が望んでそのような空間を作ったのではなく、現地側、つまり北朝鮮との政治的関係において観光客の行動を制限し、現地の人とを隔離しているという点が大きく異なる。

　ホスト側がゲスト側に、行動の制限を加えている事例を扱った研究としては高谷の『ミャンマーの観光人類学的研究』がある (高谷、1999)。「ホスト側の見せないという判断で訪問不可能地が決められている現実なのである」(高谷、1999：88-89)。これに対して、金剛山観光の場合は、空間を提供する北朝鮮側によって、訪問不可能地が決められているというよりは、訪問可能地が限定されている状況にある。言い換えれば、金剛山とい

う場所の中の、現代グループによって作られたわずかな空間しか訪問することは出来ず、その他のすべての場所は訪問できないのである。北朝鮮は、訪問できない場所を制限するのではなく、訪問できるわずかな場所を提供しているに過ぎない。

　また、ミャンマーがゲストの行動を制限するのは、観光客に観光以上の政治に関する国内問題には干渉されたくない政府の意図があると思われる。一方、北朝鮮の場合はそれに加え、北朝鮮の住民との接触を制限することで、韓国人観光客との出会いで受けると思われる生活や体制の違いからくる衝撃を北朝鮮住民に与えないという北朝鮮の意図が含まれている。また、北朝鮮の生活の貧しさを見せたくない意図もある。それは、観光客が通る道路沿いにある、北朝鮮住民の全ての家を高い塀で囲み、家の中が全く見えないようにしていることから察することができる。

　また「今日の観光の経済的問題は、観光者を送り出す国の企業が飛行機、ホテル、ショッピング・センター、地元でのツアーまで独占し、観光者が支払う外貨をすべて、「観光者産出社会」に引き上げる点にある」（橋本、1999：193）。これは、金剛山観光にも通じる問題であろう。しかし、観光客が支払う費用がすべて観光客を送り出す側つまり韓国社会にも現代グループにもいくわけではない。観光客一人当たりにつき北朝鮮に 100 ドルの観光料金を支払わなければならない。つまり、外貨がすべて「観光者産出社会」に引き上げられるわけではなく、観光客を受け入れる側にも流れるようになっているのである。

2-3. ホストとゲストの力関係の逆転

　ホストとゲストの問題においてもう一つ注目すべき点は、ホストとゲストの力関係である。「観光者と地元民との間の力の不均等が、両者を一種の権力関係に絡め取る」（橋本、1999：113）。「観光をめぐって観光客と彼らを受け入れる側の人たちとの間に不均衡な力関係が存在している」（江口、1998：102）。ここでいう力の関係は、対価を払い奉仕を受けるゲスト側の力が強く、対価をもらい観光客に仕えるホストの力が弱いという不均

結　章　観光人類学的側面から見る民族分断と金剛山観光

衡な関係を示すものである。ある場合は奴隷と主人のような演出をすることさえあるとされている。

　一方、金剛山観光の場合はこの力の不均衡が観光活動の中において逆転しているといえる。ここで扱うホストとゲストの力関係の不均衡は、前記の表13のホストAである北朝鮮政府およびホストCである北朝鮮住民とゲストの韓国人観光客の関係である。実質的なホストDである現代グループとゲストの韓国人観光客の場合ではない。ホストDとゲストとの関係では通常のホストとゲストの力関係が見られる。しかし、本書の第4章で述べたように、ゲストである韓国人観光客がホストである北朝鮮を恐れ、自由に話すこともできず、自由に行動することもできないのである[68]。ここでは、ホストの北朝鮮が強い力を持ち、ゲストの韓国人観光客がホストの顔色をうかがう現象が見られる。このように金剛山観光には、本来のゲストとホストの力関係とは異なった、力の不均衡が見られるという特徴があらわれた。

　しかし、ホストとゲスト関係の不均衡には、金剛山観光開放5周年をむかえた現在は、少しずつではあるが変化が見られるようになった。筆者は、北朝鮮の環境監視員に対し「韓国にも遊びに来てください」と話しかけた観光客を見た瞬間、大変緊張した覚えがある。なぜなら以前なら「韓国に亡命してください[69]」と受け止められかねない言葉であるからだ。しかし、北朝鮮の環境監視員は「はい」と答えただけで何も起こらなかった。また、出国の際、観光証が破れてしまった観光客にも何の制裁もしなかった。以前ならこれらの例は罰金の対象であった。他にも北朝鮮側の変化は以下でも見られた。

　特に、経済的な利益を得ることに対しては積極的になっている。まず、

---

[68] 亡命を誘ったという疑いで抑留されたこと、北朝鮮の女性環境監視員に冗談を言ったことで調べられたこと、観光証を汚したことや観光の際の違反事項などによる罰金など様々な恐怖感が観光客にはあり、観光客の立場は弱いといえる。

[69] 「北朝鮮から亡命した人は韓国で幸せに暮らしています」と言ったとされ、亡命を勧めたという名目で観光客が抑留された例がある。

金剛山観光客に提供する野菜などの栽培を北朝鮮の住民が行うようになった。具体的には現代グループの職員と地域住民との合同で栽培を始めたこの農場は、韓国からの特別な観光客、例えば国会議員などの政治家、新聞記者などに開放されることもしばしばある。また、今までは現代グループのみが経営していたレストランを北朝鮮側も経営するようになった。従業員は多くないが、すべて北朝鮮の住民である。

このように、北朝鮮側が少しずつではあるが、ホストとしての役割を担おうとし始めた目的はもちろん経済的利益であると思われる。また、韓国人観光客と接することで金剛山観光のイメージアップを図るという狙いと、韓国人観光客に慣れてきたことによる自信、つまり、接触することによっても北朝鮮住民が影響されないという自信が生まれてきたためではないだろうか。

しかし、このように少しずつ変化は見られるものの、金剛山観光は、ゲストの行動を制限し、決められた人数の環境監視員およびレストラン従業員以外の住民との交流を許さない観光であり、ホスト側の顔が見えない観光であること自体に大きな変化はない。

以上のように、金剛山観光は、従来の、観光人類学研究からなされてきたホストとゲストの理論では説明できない。つまり、ホストとゲストの変則性、接触の主導権や制限がホスト側（北朝鮮）にあること、ホストとゲストの力関係の逆転などが従来の研究対象とは異なる。

3. 金剛山観光における植民地記憶

3-1. 金剛山観光開発の植民地記憶

民族分断の状況の中で金剛山が最初の観光開放地に選定された理由の一つは、金剛山に対する名山、景勝地としてのイメージが南北朝鮮において共有されているからであることが第3章で明らかになった。そのイメージは、高麗時代から日本植民地時代に至るまで連綿として形成されてきたものであり、日本人が富士山に対して抱いているような、名山としてのイ

結　章　観光人類学的側面から見る民族分断と金剛山観光

メージを朝鮮民族は金剛山に対して持っている。このイメージが日本植民地時代において確立されるようになり、金剛山の現代的意味においての観光開発が行われた。そのインフラが戦後も残っていたことが本書の第2章と第3章で明らかになった。また、このインフラが残っていることが、金剛山が分断後の最初の観光開放地になったもう一つの要因でもあると言える。

　しかし、植民地時代の観光開発に関する南北朝鮮における解釈には差が見られた。北朝鮮は「金剛山には我が祖先の知恵と才能が表われるお寺が108もありました。しかし、このような遺跡は日帝時代に日帝侵略者が多くを略奪して行きました」（평양출판사［平壌出版社］、1998：8）、「日本のある画家は、金剛山の絶勝は百の妙義山、千の耶馬渓を合わせたものより素晴らしいと言った」（평양출판사［平壌出版社］、1998：9）「日帝は、天下絶勝金剛山を彼らの遊行の場にし、金儲けの場に転落させた。1919年日本人資本家達が設立した金剛山電気鉄道株式会社は鉄原―内金剛山の間の電気鉄道を開設し、多くの観光客を連れ込み莫大なお金を稼いだ。また日本の資本家達は、金剛山一帯に多くの料理屋や旅館を建て金儲けをしていた。しかし、貧しい朝鮮人民は金剛山観光を考えることもできなかった」（사회과학원력사연구소［社会科学院歴史研究所］、1984：82）など、批判しながらも植民地下の金剛山観光開発について観光案内書や金剛山に関する書籍に掲載している。

　一方、韓国で出された金剛山観光案内書や金剛山を紹介する書籍には日本植民地の観光開発に関する内容は筆者が調べた限りでは掲載されていなかった。このように南北朝鮮における植民地時代の解釈に差が見られるのは、当然、北朝鮮においては金剛山の日本植民地下のインフラなどをそのまま引き継いでいること、韓国は植民地のイメージよりは朝鮮戦争後行けなくなったしまった北朝鮮にある金剛山というイメージが強いからであるだろう。

　その上、韓国では日本植民地時代のことが無視され、批判され、記憶から消そうとされてきた。それにも拘わらず、この日本植民地時代の記憶は完

全に消されているわけではない。「日本は決して「植民地後」の韓国を去ってはいなかったのだ」(崔貞茂、1996：140) と述べられているように、韓国の中での日本植民地の記憶は簡単に消えるものではない。金剛山の場合も例外ではない。観光客の中には「私の父が日帝時代に金剛山に行って撮った写真があります。今回、この写真の場所を訪ねて見たかったのですが、叶えられませんでした」とか、「日帝時代に父と一緒に金剛山に行ったことがあります」、「倭政時代には、金持ちか日本人しか金剛山に行けなかった」などと語っている。これらは植民地時代に対する直接・間接的な経験によるものである。

また、日本植民地の記憶は、金剛山観光ガイドの説明により思い起こされることもある。例えば、「鉄道が見えますね。この鉄道は、日本植民地時代に引かれていましたが、日本人が第2次世界大戦の際に戦争で鉄を使うために撤去してしまいました。その後それを韓国から金剛山に進出していた企業が（現代グループではない）[70] 新しく作りました」とか、「この道は日本人が3年もかけて作った道ですが、朝鮮戦争の際に破壊され、北朝鮮の人が1ヶ月で造り直したと言っています」、「あの駅は、日本植民地時代に作られた駅ですが、朝鮮戦争の際に破壊され、村の青年達が新しく作ったので、青年駅と呼ばれています」など、日本植民地時代の背景を踏まえた説明などから思い出されるのである。植民地の実体験や2次的体験者などにより、記憶が思い出されることと同様、金剛山観光においてもいろいろな要素によって記憶が引き起こされていた。

3-2. ホストとゲストが記憶する植民地

インドネシアのバリ島は著名な観光地として知られるが、太平洋戦争中の日本軍政というネガティブなイメージは観光パンフレットにおいては消し去られ「南海の楽園」のイメージしか提示されていない（山下、1996：38）。金剛山観光においても日本植民地による観光開発というイメージは

---

[70] 現在は倒産しているが、金剛山で水を生産していた韓国の会社。

結　章　観光人類学的側面から見る民族分断と金剛山観光

消し去られていた。一方、バリ島の観光資源について「オランダ植民地時代に立ち上げられた創られた伝統、あるいは創られつつ、本質化していっているバリ文化」(山下、1999：85) と指摘されているように、オランダの植民地統治に都合の良いように創られた「伝統文化」が現在のバリ観光になっており「オランダ時代に開発されたバリの本質化した民族文化を国民国家インドネシアの観光開発に「流用」」(山下、1999：85) されたとしている。金剛山観光においては、観光インフラという植民地の観光資源は引き継がれているものの、その他の植民地観光資源は消されている。

　高媛は、日本人の旧満州ツアーをノスタルジーの視点から取り上げ「半世紀以上置き去りにされていた「帝国の記憶」は、繰り返し「満州」観光の場で商品化されよみがえってくる。戦後における「満州」観光の歩みは、そのまま「失われた故郷」としての「満州」の記憶化を刻み込んでいる」(高媛、2000：30) としている。植民地的な国家であった満州国の影を商品化し、それが一定の市場価値を持つという点は、植民地時代の記憶そのものがいわば観光資源として利用されているわけである。しかし、金剛山観光は植民地時代の記憶は商品価値として存在しているわけではないにもかかわらず、金剛山観光の近代化の歴史において決定的な意味を持つ記憶として拭い去ることの出来ない問題として存在しているのである。

　他の植民地経験がある観光地域では、ホスト側は植民地の経験があるが、ゲストは旧宗主国の人であるか、あるいは植民地とは関係のない人々である。金剛山観光が上記の地域の観光と明らかに異なる点は、ゲスト側つまり韓国人観光客も、ホスト側北朝鮮の人々においても、日本植民地時代に金剛山が観光開発されたという歴史上の事実を共有していることである。そのため、例えばガイドの説明や実体験者などによる植民地の記憶が引き起こされても、その記憶をお互いが共有しているのでそれほど驚かない。このことが、他の植民地経験地域との違いであり、金剛山観光の特異な部分である。

4. 政治戦略としての金剛山観光

　観光が政治的戦略として利用されている現象を扱った研究では、社会主義国家などの軍事独裁政権や開発途上国などの例が出されている。高谷はミャンマーの観光現象を取り上げ「SLORC が、経済開放、市場経済の導入に方向転換をしたにしろ、観光産業発展のためのインフラ整備の遅れは否定できず、また国際観光市場への参入を宣言しても、観光産業があくまで軍事政権の政治的戦略の中で展開していることに変わりはない。換言すれば、政府主導の「政治観光 Political　Tourism」の一事例なのである」（高谷、1999：88）としている。

　国家主導の政治観光であっても最近の観光開発の目的は、経済的効果を得るためである場合が多い。金剛山を観光開放に同意した北朝鮮さえも、体制維持のための外貨獲得という経済的効果が目的であった。しかし、金剛山観光は観光客を受け入れる北朝鮮側は、金剛山という空間を提供しただけで、それ以外には何の投資もせず莫大な利益を得ている反面、観光の仕掛け人である、つまり現代グループは多額の累積赤字を出している。そしてその赤字に対して、本書の第 3 章の 3 節で見てきたように、支援という名目で韓国政府が一部負担しているので実際のところ韓国政府も赤字を出していると言える。その上、第 4 章で述べたように、韓国内にある従来の観光地であった金剛山観光の出発地周辺の地域は金剛山観光開始以後は観光客の減少さえ起きており、これらの地域からは、「地域活性化のために金剛山観光客の出発および到着時刻の調整を要求」（『ソウル連合ニュース』、2003 年 12 月 15 日付）という声まで起きている状況である。このことから考えると、金剛山観光は経済効果を得るという従来の観光開発とは異なる点が見られる。

　軍事独裁政権下の 1970 年代の韓国では、国家主導の観光政策が継続されていた。特に、外貨獲得のための外国観光客誘致は重要な国家政策として行われた。「韓国政府は、1970 年代には観光産業を国家戦略産業として

結　章　観光人類学的側面から見る民族分断と金剛山観光

指定し、外来観光客誘致政策を行うが、この時期は外貨獲得を観光政策の究極的な目標として認識し外来観光客誘致中心の観光政策を推進した。観光事業を経済開発計画に含み、国家の主要戦略として育成させた」(한국관광협회 [韓国観光協会]、1984：23) と、言っているように、観光を国家政策の一環として積極的に推進してきたのである。この政策の延長線上に金剛山観光があると考えるならば、韓国観光にとっては最良の観光資源である金剛山観光への日本人観光客や外国人観光客誘致活動が積極的に進められたに違いないと考えるが、しかし、現在のところ、日本人の金剛山観光客の動向や韓国政府の傘下機関である「韓国観光公社」の日本人観光客誘致活動の状況から考えると、韓国政府は金剛山観光客誘致政策には消極的であるといえる[71]。一方、金剛山観光に補助金などを出すなど韓国人観光客誘致には積極的であることから、観光政策の狙いは日本人観光客や外国人観光客ではなく、韓国国民であることが見えてくる。

　このように考えると、金剛山観光開放の目的が単に営利目的ではないことが明らかである。ここに金剛山観光の政治的特徴がよく表われている。政府主導の観光は、そのほとんどが政治的目的で行われるものではあるが、金剛山観光はとりわけ韓国政府の政治的意図が強く表われている観光であると言える。

　経済的利益が見込めないにも拘らず、金剛山観光を開放させ、続けさせる政府の目的は、第3章の第3節でみてきたように、金剛山観光は金大中政権の北朝鮮に対する包容政策の一環という政治的な目的があった。その上に、大統領であった金大中の個人的な性向とも関係がある。かねてから北朝鮮への親和的性向と思想をもっていた金大中は、就任直前であった1998年2月12日に「金剛山観光開発計画」を発表するなど、対北朝鮮宥和政策を急速に展開しはじめた。金大中は、1997年の大統領選挙から2003年2月の退任に至るまで一貫して北朝鮮に対する宥和政策を主張し

---

[71] 韓国観光公社発表によると、2003年12月までに金剛山を訪れた外国人観光客数はわずか2,289名である。

てきた。もちろん、指導者一人の思想が政策の全てを決定するものではないが、韓国のように大統領が強大な権力を持っている国家にとっては指導者の思想は大きな影響力を持っている。1989年から現代グループやその他の韓国民間企業などが金剛山観光開発に積極的であったにも拘らず、1998年の金大中政権発足まで実現できなかったことを見ても、韓国の大統領の権力の強大さを示唆している。

　朝鮮戦争後、北朝鮮と韓国は互いに敵対関係にあって対決と衝突一辺倒の関係であった。しかし、1990年代からの韓国と北朝鮮は政治的関係において相互に利用し、時には協力し合い、時には牽制をかけることが多くなってきた。その一つの事例として、南北首脳会談の見返りとしての北朝鮮への不正送金が韓国社会で争点になった時、韓国政府、北朝鮮、現代グループは急いで金剛山陸路観光を発表した。これについて「政府が陸路観光を許可したのは、北朝鮮への送金疑惑問題の争点をそらそうとする意図があるのではないか」(『東亜日報』、2003年2月2日社説) という疑問の声があがった。実際には、急いで陸路観光を開始したものの、すぐに中止されたのであるが、このことから金剛山観光をめぐる三者間の意図が見えてきたのである。以上のように、金剛山観光をめぐる韓国・北朝鮮・現代グループの動きを通じて金剛山観光がいかに政治的戦略によって利用されているかを明らかにすることができた。

5. 安保と統一の両面性

5-1. 統一と安保の二重性

　韓国では、金剛山観光が北朝鮮との緊張を緩和させる役割を果たしていると主張する研究が多く出されている。「従来観光事業は、平和を前提にしているため金剛山観光事業は南北関係に新しい平和のイメージを作り出し朝鮮半島の平和定着の役割を果たす」(김용호 [キムヨンホ]、1999：46)。「金剛山観光事業は、ソフトウェア的な側面から、朝鮮半島緊張緩和雰囲気を造成し、安保脅威を減少させることに貢献してきた」(정상돈

結 章 観光人類学的側面から見る民族分断と金剛山観光

［チョンサンドン］、1999：12）。「金剛山観光事業が始まって以来南北間の緊張はかなり緩和され、もはや金剛山は"南北が共有する領土"になった。つまり休戦線が北上したような効果があらわれた」（고유한［コユハン］、2002：28）。これらの研究では、金剛山観光が朝鮮半島の緊張緩和の役割を果たしていると主張している。しかし、2002年の海上での交戦、DMZの中での事件、核保有発言など、北朝鮮からの脅威を現実に実感する事件は後を絶たない。これは金剛山観光が緊張緩和の役割を果たしているということはあくまでもイメージの問題であり、現実には緊張は今尚続いていることを示すものである。

韓国政府が一貫して統一と安保という両面の対北朝鮮政策を推進していることは「北朝鮮は我が国の安保を脅かす敵対的存在ではあるが、一方において和解と協力を通じて統一を成し遂げなければならない同伴者でもある。このような北朝鮮の両面性により我が国の対北朝鮮政策も二重性を取らざるを得ないのである。従って政府の対北朝鮮政策は確固たる安保の下に和解と協力を平行して推進しているのである」（통일부［統一部］、2003：13）[72]と明確に述べられている。金剛山観光においてもこの二重性は当然反映されているといえるのである。

イは、『金剛山観光が民族和解に与える影響』で、「我々は今日、敵対的な南北関係を終息させ、平和と和解協力関係を実現するために、今まで北朝鮮の工作船や潜水艦が不法的に往来していた海上境界線を越えて、平和の遊覧船を積極的に北上させている。従って、海の底からは北朝鮮の工作用の潜水艦が、海の上の海上境界線には韓国の平和遊覧船が往来する逆説ともいえる現実に直面している」（이종석［イジョンソク］、1999：71）と、述べている。ここに、南北朝鮮が直面している現実がよくあらわれている。また、統一と安保の併用政策をとらざるをえない韓国政府の立場も読み取ることができる。

金剛山観光開放により、南北朝鮮関係は少し緊張関係が緩和されたよう

---

[72] 『2003 統一白書』対北朝鮮和解協力政策の推進より。

に見えたが、南北朝鮮関係においては今尚緊張関係が続いている。いつ突発的な事件が起こるかは予測できない。そのため韓国政府においては常に北朝鮮に対する安保政策が重要になっている

5-2. 安保観光の意図

　池田は、「内戦や紛争が観光客激減に影響を与えるため、それらの関係国の観光局は、紛争の存在そのものを無視し、あたかも紛争がなかったように観光宣伝を行っている」と、マヤ遺跡観光地域の例をあげて指摘している（池田、1996：202）。ほとんどの観光客は常に安全な地域への観光を望んでいるため戦争や紛争は観光客誘致のマイナス要因になる。最近では湾岸戦争やアメリカ同時多発テロ事件、SARSなどの例がある。また池田は「ふつうの観光客は紛争地域に旅をすることはない。民族紛争や内戦状態にある地域は観光地にならない。旅を安全に快適にすごしたいという希望がかなえられるように計画は立てられるからだ。だが、パール・ハーバーやアウシュビッツなど、かつての忌まわしい場所が観光の目的地となる。沈没した戦艦や強制収容所は歴史の記念碑として文化遺産観光の目的となる。平和という文脈において観光対象になる「もの」が中和化されてはじめて観光地というものが成立するからだ。中和化は一種の忘却である」（池田、1996：202-203）と述べている。しかし韓国政府は、非武装地帯周辺の地下トンネル観光や朝鮮戦争戦跡地観光などの安保観光の体験を通して戦争を忘却させるのではなく、戦争の記憶を掘り起こし安保の重要性について、認識を持たせようとしている。ここに安保観光の特異性がある。

　戦争の記憶を掘り起こし安保の重要性を高めようとする韓国政府の意図がよく表われている例が「鉄原労働党舎」である。韓国の江原道の鉄原郡にあるこの建物は、この地域が38度線の北側に位置し、分断前は北朝鮮の領土であった1946年に建てられた北朝鮮の労働党舎である。「景観には個々人や集団、さらには社会全体が自らの過去をどのように解釈したいと思っているのか、その願望を記したメッセージが刻まれているのである。

結　章　観光人類学的側面から見る民族分断と金剛山観光

このメッセージを注意深く"読み説く"ならば、社会の暴力と悲劇にいかに向き合ってきたかを考察する手がかりが得られよう」（フット、2002：5）。この建物の案内看板には、「共産主義に反対する人々が虐殺されたことや、建物敷地の裏の穴からは人の遺骨や実弾などが発見された」などと記載されており、北朝鮮の悪事を訴えている。この建物は、韓国政府により 2001 年、近代文化遺産として登録されている[73]。

「朝鮮総督府の建物が韓国がかつて日本帝国の植民地であったことの証拠であったように、この労働党舎は、朝鮮戦争以前この地域が北朝鮮の領土であったことを示す証拠である」（『江原道民日報』、2003 年 8 月 31 日付）。同じ「民族の負の遺産」でも、朝鮮総督府は撤去され、労働党舎は文化遺産として保存し観光化させることは、安保意識を高めようとする政府の意図があるからだと思われる。

このように韓国政府は、観光を通して北朝鮮に対する安保意識を高めようとするのである。もちろんその中には同じ民族である北朝鮮とは統一をしなければならないという、「統一政策」的な側面も内包している。しかし、韓国の「統一政策」の根本にあるものは「安保政策」であり、安保を優先する政策を行っていることは、『韓国統一基本指針書』（統一部、2003）や『統一白書』（통일부［統一部］、2003）、『国防白書』（국방부［国防部］、2000）などで確認することができる。韓国政府の安保と統一を併用しながらも安保に比重をおいた政策は、観光政策からもみることができる。第 6 章でみてきたように、韓国政府は非武装地帯周辺の観光や金剛山観光を通して国民に統一と安保という両立した観光政策を取っていた。しかし、それは統一よりは安保に力点をおいた観光政策であることが筆者の現地調査においても明らかになった。

5-3. 統一と安保の両面性と金剛山のイメージの変化

朝鮮戦争後に韓国の政権を掌握した李承晩は、強い反共意識を国民に主

---

[73] 2002 年 5 月に登録文化財第 22 号に登録された。

張することで国民を統合しようとした。また「朴正煕は北朝鮮への国民の脅威を政治的に利用して政権の安定を計った。民族の統一という言葉をタブーとして、政治的国家主義によって反共思想を徹底化した。彼は反日よりは反共を強調しながら軍事独裁政権を続け、軍事政権に反対する民衆に対して北朝鮮の脅威をもって統合性を主張し、独裁を強化した」（崔吉城、1998：323）と、言われているように韓国政府は反共主義をもって統治の正当化を計ろうとしたのである。

　韓国人にとって、「金剛山は民族の名山である。分断の障壁が塞いでいた時の金剛山は我々が直接見ることができない"懐かしい金剛山"であった」（고유한［コユハン］、2002：28）。のである。韓国では「金剛山も食事の後」ということわざがあり、日本のことわざの「花より団子」に近い意味を持っている。いくら美しい金剛山でも食べることの方が重要であるとの意味だが、美しい金剛山への憧れが前提として成り立っているのである。このことわざと並んで、金剛山を表現する象徴的な言葉が「懐かしい金剛山」である。「懐かしい金剛山」は、1962年、韓国戦争12周年記念式のために韓国における教育を担当している教育部の依頼により作詞・作曲された曲の歌詞として登場した。国の領土が二つに分かれ、行けなくなった美しい金剛山への懐かしい気持ちを歌った内容である。この歌はその後、高校の音楽教科書にも掲載されるようになり、その歌詞が韓国国民の中に広く知れわたっていくことになる。ここで注目すべき点は、この歌の歌詞が1972年に修正されたことである。上記で述べたように1970年から北朝鮮と韓国の交流が開始された。このことにより「数数万年美しい山、汚してから幾年、今日になって訪ねる日がきただろうか」と歌われていた部分が、1972年の修正によって「数数万年美しい山、行けなくなって幾年、今日になって訪ねる日がきただろうか」と変えられた。2番の歌詞も「あの峰踏み潰された跡」が「あの峰昔のままだろうか」とされ、「我々の恨みがはれるまで」が、「我々の悲しみがはれるまで」と変えられたのである。歌詞が北朝鮮により汚された金剛山という主題から、単に行けなくなって何年経っただろうかという主題に変わったのである。このこ

結　章　観光人類学的側面から見る民族分断と金剛山観光

とは、金剛山のイメージの形成が南北朝鮮関係の情勢の変化の過程によって、作為的に変更されるものであることを示唆しているものである。

　金剛山を訪れる韓国人観光客の金剛山に対するイメージを考察する際、ブーアスティンの主張を参考にしたい。ブーアスティンは『幻影の時代で』の中で、マスメディアが広く社会を囲いこんだ今日のような社会にあっては、人々は、直接に出来事を体験する以前に、マスメディアによって与えられた擬似的な出来事を事前に体験するのであるとしている（ブーアスティン、1964）。金剛山観光においても、学校教育や金剛山に関する歌などですでに行く前から持っていたイメージに加え、マスメディアが作り出した金剛山に対するイメージが追加されるのである。そして、それは金剛山に行って確認することになる。そのイメージは、名山としての自然環境から得られるイメージに加え、分断されてから行くことのできなかったという政治的な背景からの北朝鮮のイメージまで加えられることになる。その一つの例として、KBSテレビで放映された「金剛山観光」は、最初の金剛山観光客を取材したもので、観光客として参加した離散家族が泣き叫ぶ姿や、金剛山で祭礼をする姿などを見せていた。また、一般観光客が戦後初めて北朝鮮の土地を踏むということを強調していた。一般観光地というイメージよりは、北朝鮮にある金剛山という独特なイメージを韓国のマスコミは作り出しているのである。

　金剛山観光は、以上のようにイメージ操作を受けているといえる。北朝鮮との関係をめぐる韓国情勢によって金剛山のイメージが創り出され、このイメージは金剛山を訪れる現在の観光客にも影響を与えていると言える。金剛山を訪れる韓国人観光客は歴史的に引き継がれた金剛山の景勝地としてのイメージに加えて、分断状況という特殊性から生み出されたイメージを合わせて持っていた。しかし、観光の結果、歴史的に蓄積された景勝地としてのイメージは相対的に希薄化し、分断国家としての特殊性が生み出したイメージがより深い刻印を残していた。

　金剛山観光は統一と安保の併用という政策を取りながらも安保に重点をおく韓国政府の意図と、統一と安保を意識しながらも統一への願望を強く

する韓国人観光客の意識の両面性が表われる複雑な観光である。ここで、統一と安保という一見相容れない二つの側面が観光に表われる要因としては、「脅威」と「同民族」という二面的な北朝鮮の存在が、韓国の人々のなかには常に内在しているからである。

以上のように金剛山観光は、既存の観光類型や従来のホストとゲスト論とは異なる特徴が見出された。また、金剛山が日本植民地時代に観光開発されたという意味において、ホストとゲストが共有する植民地の記憶があった。さらに、金剛山観光は政治的意図が強い観光であり、統一と安保の両面的なものが存在する特異な観光であった。これらの諸要素が絡み合って、金剛山観光の歴史的、政治的なものの入りまじった特異な観光形態の特徴が形成されていることが明らかになった。

以上の金剛山観光の特徴から以下の金剛山観光系図を示すことができる。

グリンカーが「もし観光客が自由に北朝鮮を旅行することができるのであれば、DMZ がアピールするものはほとんどないだろう」(グリンカー、1995：37) と述べているように、金剛山観光はもし統一が果たされ、北朝鮮と韓国との間にある緊張感がなくなると、下記の図にも示しているように、現在のような観光の魅力は減少し、それは単なる歴史観光になり、金剛山観光の特異性は見られなくなるであろう。その反対に、現在の和解・協力の関係が崩れ、敵対関係に逆戻りした場合は、金剛山観光は不可能になり、DMZ 観光もその形態を変えざるを得なくなる可能性がある。常に

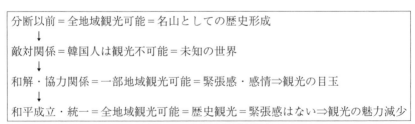

図 12　金剛山観光系図

結　章　観光人類学的側面から見る民族分断と金剛山観光

流動的なものとしてとらえる必要があるという観点からとりわけて、現時点において金剛山観光やDMZ観光に注目する理由がここにあると言える。

　金剛山を訪れる観光客の楽しみの一つは、金剛山を通しての各種体験をすることである。まず、名山として確立されていた金剛山の景色の体験が観光の楽しみとなっている。実際、観光客に対する筆者のインタビューや各種アンケートからは、金剛山の美しい景色を見たいため金剛山を観光するという回答は大変多い。メディアを通して、あるいは写真や絵の展覧会ではなく実際に金剛山を体験することは、かつて李氏朝鮮時代の上流社会への仲間入りをしたかに感じられる体験であり、「金剛山の見物は、朝鮮人を卓越した旅行者の地位に持ち上げてくれる」（ビショップ、1993：228）と述べているように、今の時代に金剛山の美しい景色が体験できたことは、当時の遊覧と同じぐらいの価値を持ち、参加者の優越感をさそうものである。

　次に、故郷の体験である。韓国には１千万人の離散家族がいる。本書の第６章でみてきたように、北朝鮮にある故郷や北朝鮮に残して来た家族を偲ぶ場として、臨津閣が利用されている。しかし、それは偲ぶための場所に過ぎず、故郷を体験できる場ではない。もちろん、金剛山周辺地域出身者はそれほど多くなく、また、金剛山周辺の村の出身であっても自分のかつて生まれた、育った土地、すなわち故郷を訪れることはできないため、金剛山を訪れることによって故郷の代理体験をしているのであるが、それが金剛山観光の楽しみと期待である。

　また、和解・協力関係にあっても完全な和平成立でなければ、そこを訪れることは恐怖感であり、それは緊張感である。それがまた観光の目玉であり観光の楽しみである。この緊張感は、実際にその地を訪れることにより感じるものであり、まったく同じようなものを安全地域に創ってもそれは緊張感を感じない。2002年、韓国戦争記念館で「特別企画展示会DMZ・非武装地帯、行けない領土、しかし、行かなければならない場所」という、特別展示会があった。板門店やDMZで警備をする韓国軍

人、地雷の展示など、DMZ をリアリティーに表現していた。しかし、それは偽の体験であり、緊張感がないためそれほど反響を得ることはできなかった。本物体験と偽者の体験の差であり、金剛山や DMZ 観光は本物の緊張感を実感できるという観光の楽しみがある。その楽しみとは分断状況の実体験でもあり、北朝鮮の実体験でもある。

　この北朝鮮の体験は同民族への再認識につながり、金剛山観光を通して新たな可能性を見出すことができる。金剛山観光の特徴の中で見られた安保と統一の両面が併用された観光政策では、政府と観光客との間に意識のズレが見られた。すでに述べてきたように、韓国政府の意図で行われている安保と統一を併用した観光政策は、統一よりは安保の側面が強い観光政策であった。しかし、観光客のインタビュー結果からみると、同民族認識と統一への念願と観光を通して統一に貢献するという意識が生まれている。このズレが新たな変化を生み出す可能性がある。金剛山観光に参加した人々の観光による経験・喜び・感情は政府の意図をはみ出していく動向が見られたのである。この動きが、観光活動の変化と北朝鮮の変化を生み出し、南北関係の変化につながる可能性と将来性がみえる。少しずつであるが、その変化は見えつつあると思われる。観光を通して、その可能性を見出したことに金剛山観光を研究する本研究の意義がある。

　最後に付け加えたいことは、観光現象の問題である。

　橋本は、観光現象を「権力」という視点から分析を加え、観光のあらゆる場面に「権力」の陰を探り当てた江口の論理に対して（江口、1998）、「権力」が「観光」の場面以上に現れるのは、政治・経済の領域であるとし、権力と観光の関係は「観光」固有の問題ではないと主張している（橋本、1999：114）。また、観光研究者には、政治・経済的状況が観光の場面にも反映されているにすぎないのだという「距離感」こそが重要であると示している（橋本、1999：114）。本書で筆者は、金剛山観光現象を取り上げ、あらゆる場面に国家権力の陰を探り当ててきた。その上、分断国家における南北朝鮮の特徴である「統一」と「安保」が両立していることを観光を通して探ろうとした。確かに、国家権力や「統一」と「安保」は、橋

結　章　観光人類学的側面から見る民族分断と金剛山観光

本の言う観光現象の場面でのみ表われる問題ではなく、韓国の政治的・社会的場面においてより鮮明に表れてているものかも知れない。しかし、金剛山観光を通して、現代の韓国が抱える政治的・社会的状況をよりはっきり見出せたことに本書の意義をおきたい。

引用・参考文献一覧

日本語文献

青木栄一（1985）「解題金剛山電気鉄道株式会社 20 年史」『大正期鉄道史資料第 19 巻金剛山電気鉄道株式会社 20 年史』日本経済評論社

有山輝雄（2002）『海外観光旅行の誕生』吉川弘文館

アンリ・ピエール・ジュディ・斎藤悦則訳（2002）「カタストロフィの記憶」荻野昌弘編『文化遺産の社会学』新曜社

イサベラ・バード・時岡敬子訳（1998）『朝鮮紀行―英国婦人の見た李朝末期』講談社学術文庫

イサベラ・バード・朴尚得訳（1993）『朝鮮奥地紀行』平凡社

イザベラ・バード・工藤重雄訳（1925）『30 年前の朝鮮』東亜経済時報社

石森秀三編（1996）『観光の 20 世紀』ドメス出版

池田光穂（1996）「遺跡観光の光りと影―マヤ遺跡を中心に―」石森秀三編『観光の 20 世紀』ドメス出版

上杉有（1999）『牧水・朝鮮五十七日間の旅』アイオーエム

江口信清（1998）『観光と権力―カリブ地域社会の観光現象―』多賀出版

エリック・リード・伊藤誓訳（1993）『旅の思想史―ギルガメシュ叙事詩から世界観光旅行へ―』法政大学出版局

小川伸彦（2002）『文化遺産の社会学』荻野昌弘編「モノの記憶と保存」新曜社

荻野昌弘編（2002）『文化遺産の社会学』新曜社

太田好信（1996）「エコロジー意識の観光人類学―ベリーズのエコ・ツーリズムを中心に―」石森秀三編『観光の 20 世紀』ドメス出版

O・チェックランド・川勝貴美訳（1995）『イザベラ・バード旅の生涯』日本経済評論社

小沢健市（1994）「観光の影響・効果」塩田正志・長谷政弘編著『観光学』同文館

鏡味治也（2000）『政策文化の人類学せめぎあうインドネシア国家とバリ地域住民』世界思想社

加藤則芳（2000）『日本の国立公園』平凡社新書

川村湊（2001）『妓生「もの言う花」の文化誌』作品社

北川清之助（1934）『朝鮮女教員学事視察報告書』共盛堂印刷社

高成鳳（1999）『植民地鉄道と民衆生活―朝鮮・台湾・中国東北』法政大学出版

　　　　局
高媛（2000）「ノスタルジーと観光―戦後における日本人の『満州』観光」『国際交流』23（1）：25-30
バーレン・L・スミス編 三村浩史監訳（1991）『観光・リゾート開発の人類学―ホスト＆ゲスト論でみる地域文化の対応』勁草書房
申恵秀（1997）金早雪訳『観光風俗産業の政治経済学―従属的発展とセクシャルサービス』新幹社
新城常三（1964）『社寺参詣の社会経済史的研究』塙書房
白幡洋三郎（1996）『旅行ノススメ―昭和が生んだ庶民の「新文化」―』中央新書
修学旅行協会（2003）『修学旅行の全て』Vol. 22、日本修学旅行協会
曽山毅（2003）『植民地台湾と近代ツーリズム』青弓社
孫大鉉・崔錦珍（2003）「韓国における DMZ の観光地のイメージ調査」『観光研究』日本観光研究学会機関紙/Vol.14、7-16
竹内直馬（1913）『朝鮮金剛山探勝記』冨山房
高谷紀夫（1999）『ミャンマーの観光人類学的研究』広島大学総合地誌研究資料センター
崔吉城（1994）『日本植民地と文化変容―韓国・巨文島』お茶の水書房
崔吉城（1998）「朝鮮戦争と韓国社会の変化」嶋陸奥・朝倉敏夫編『変貌する韓国社会―1970～80年代の人類学調査の現場から―』第一書房、305-331
崔吉城（2000）「朝鮮半島の南北分断と「敵対双方」の観光化『アジア社会文化研究』広島大学大学院国際協力研究科アジア文化講座アジア社会文化研究会、第1号、1-12
崔貞茂（1996）李静和訳「トランスナショナル資本主義、国民的想像対と韓国の抵抗演劇」『思想』NO859、139-161
土佐昌樹（1999）「情報化と植民地イメージ―『醜い韓国人』騒動を中心に」青木保・梶原景昭編『情報化とアジア・イメージ』東京大学出版会、223-250
永渕康之（1996）「観光＝植民地主義のたくらみ―1920年代のバリから―」山下晋司編『観光人類学』新曜社、35-44
宮本常一（2002）『イザベラ・バードの「日本奥地紀行」を読む』平凡社
森山安太郎（1932）『朝鮮みやげ』一貫堂
橋本和也（1999）「観光人類学の戦略―文化の売り方・売られ方―」世界思想社
ケネス・E・フット（2002）和田光弘他訳『記念碑の語るアメリカ－暴力と追悼

の風景』名古屋大学出版会
ダニエル・J・ブーアスティン（1964）星野郁美・後藤和彦訳『幻影の時代―マスコミが製造する事実―』東京創元社
ピアーズ・ブレンドン（1995）石井昭夫訳『トマス・クック物語近代ツーリズムの創始者』中央公論社
梁春香（2001）『ERINAビジネスニュース』28号、環日本経済研究所
李良姫（2000）「観光人類学研究動向」『アジア社会文化研究』広島大学大学院国際協力研究科アジア文化講座アジア社会文化研究会、第1号、55-65
柳田国男（1976）『青年と学問』岩波書店
山下晋司編（1996）『観光人類学』新曜社
山下晋司（1999）『バリ人類学のレッスン』東京大学出版会
山下晋司（1996）「南へ―バリ観光のなかの日本人―」山下晋司編『移動の民族誌』岩波書店、1-28
吉見俊哉（1992）『博覧会の政治学』中央新書
若山牧水著・若山喜志子・大悟法利雄共編（1958）『若山牧水全集』雄鶏社

韓国語文献

강동진（1980）『일제의 한국 침략 정책사』한길사（姜東鎮『日帝の韓国侵略政策史』ハンギル社）
강택구（1999）『―금강산관광사업과남북경제협력―금강산관광사업에관한국민의식조사연 구―』경남대학교극동문제연구소（カンテク『金剛山観光事業に関する南北経済協力―金剛山観光事業に関する国民意識調査研究―』慶南大学校極東問題研究所）
김재한외（2002）『DMZ 접경지대의 화해와 협력』소화（キムゼハン他『DMZ接近地域の和解と協力』小花）
김용정（1998）『1930년대초 태평양 노동조합계열의 혁명적 노동조합 운동』역사학연 구소（キムヨンジョン「1930年代初太平洋労働組合系列の革命的労働組合運動」『植民地経済構造と社会主義運動』歴史学研究所）
김용호（1999）「금강산 관광 사업의 의의와 전망」『통일경제』1999년 4월호、현대 경제연구소（キムヨンホ「金剛山観光事業の意義と展望」『統一経済』1999年4月号、現代経済研究所）
김인영・김재한편（1999）『DMZ 발전적이용과 해체』소화（キムインヨン・キムゼハン編『DMZ発展的利用と解体』小花）

김일성 (1976)『김일성저작선집』제 3 권、조선로동당 출판사、평양（金日成『金日成著作選集』第 3 巻、朝鮮労働党出版社、平壌）

권순 (1998)『관광 정책론』백산출판사（權純『観光政策論』白山出版社）

고유한 (2000)「김대중 정부의 대북 포용정책과 북한의반응『아시아태평양지역연구』제 2 권、제 2 호「金大中政府の対北朝鮮の包容政策及び北朝鮮の反応」（コユハン『アジア太平洋地域研究』第 2 巻、第 2 号）

고유한 (2002)「금강산 관광사업의 의미와 평가」『통일경제』2002 년 3・4 월호、현대경제연구소（コユハン「金剛山観光事業の意味と評価」『統一経済』2002 年 3・4 月号現代経済研究所）

국방부 특별공동 조사단 (1999)『김훈중위사망 사건조사결과』국방부（国防部特別共同調査団『JSA キムフン中尉死亡事件捜査結果』国防部）

국방부 (2000)『국방백서』（国防部『国防白書』）

남효온저・노규호역 (1996)（南孝温著・ノキュホ訳）「遊金剛山山記」『金剛山文学史料選集Ⅰ』国学資料院（復刻版）民族文化推進会 (1970)『新増東国輿地勝覧』民族文化文庫刊行会

문일평저정우영편역 (1998)「동해유기」『선인들과함께하는금강산기행』인화（文一平著・チョンウヨン編『先人と一緒にする金剛山紀行』インファア）

문화관광부 (2000)『2000 년도관광동향에관한연차보고서』원화인쇄（文化観光部『2000 年度観光動向に関する年次報告書』ウォンファ印刷）

문화관광부 (2001)『2001 년도관광동향에관한연차보고서』원화인쇄（文化観光部『2001 年度観光動向に関する年次報告書』ウォンファ印刷）

문화관광부 (2002)『2002 년도관광동향에관한연차보고서』원화인쇄（文化観光部『2002 年度観光動向に関する年次報告書』ウォンファ印刷）

문화관광부 (2016)『2016 년도관광동향에관한연차보고서』원화인쇄（文化観光部『2002 年度観光動向に関する年次報告書』ウォンファ印刷）

박상연 (1997)『DMZ』민음사（バクサンヨン『DMZ』ミンウム社）

박성원저・김용곤역 (1993)『조선시대문인들의 금강산답사기』혜안（朴聖源著・キムヨンゴン訳『朝鮮時代文人たちの金剛山踏査記』ヘアン）

사회과학원력사연구소 (1984)『금강산의력사와문화―금강산의자연과전설관광안내』과학백과사전출판사、평양（社会科学研究院歴史研究所『金剛山の歴史と文化―金剛山の自然と伝説観光案内』科学百科辞典出版社、平壌）

신정현 (1988)『국가 안보론』일신사（シンジョンヒョン『国家安保論』一進社）

안축저・노규호역 (1996)(安軸著、ノキュホ訳「関東瓦注」『金剛山文学史料選集Ⅰ』国学資料院)(復刻版)
안축저・정우영편역 (1998)『선인들과 함께하는 금강산기행』인화 (安軸著、チョンウヨン編『先人と一緒にする金剛山紀行』インファ)
유홍준편역 (1998)『新増東国輿地勝覧』학고재 (ユホンジュン編 ハクコゼ)
이문항 (2001)『JSA-판문점』소화 (イムンハン『JSA-板門店』小花)
이호철 (1961)『판문점』새미 (李浩哲『板門店』セミ)
이문희 (2000)『금강산기행문학연구』경원대학교 (李文熙『金剛山紀行文学研究』京元大学校)
이곡저・노규호역 (1996)(李穀著・ノキュホ訳「東遊記」『金剛山文学史料選集Ⅰ』国学資料院)(復刻版)
이원저・노규호역 (1996)(李黿著・ノキュホ訳「遊金剛録」『金剛山文学史料選集Ⅰ』国学資料院)(復刻版)
이광수 (1998)『금강산유기』실천문학중앙공론사 (李光洙『金剛山遊記』実践文学中央公論社)
이광진 (1995)『한국관광문화정책론』백산출판사 (李光鎮『韓国観光文化政策論』白山出版社)
이장춘 (2000)『관광:통일・한민족의 비젼』백산출판사 (李長春『観光:統一・韓民族のビジョン』白山出版社)
이장춘 (2001)『관광정책학』대왕사 (李長春『観光政策学』大旺社)
이종석 (1999)「금강산관광이 민족화해에 미치는 영향」『통일경제』1999년 1월호、현대경제연구소 (イジョンゾク「金剛山観光が民族和解に与える影響」『統一経済』1999年1月号、現代経済研究所)
이영숙 (1989)『금강산』드라이브사 (イヨンスク『金剛山』ドライブ社)
이정구저・정우영편집 (1998)「유금강산기」『선인들과 함께하는 금강산기행』인화 (李廷亀著・チョンウヨン訳「遊金剛山記」『先人と一緒にする金剛山紀行』インファ)
작자미상・노규호역 (1996)(著者不明・ノキュホ訳)「世祖東巡録」『金剛山文学史料選集Ⅰ』国学資料院 (復刻版)
정규서편 (2002)『DMZⅢ―접경지역의 화해. 협력―』소화 (チョンキュソ編『DMZⅢ―接境地域の和解・協力―』小花)
정상돈 (1999)「금강산 관광 사업 1주년 평가와 과제」『통일경제』1999년 12월호、현대경제연구소 (チョンサンドン「金剛山観光事業1周年評価と課題」『統一経済』1999年12月号、現代経済研究所)
정철저・정우영편역 (1998)「관동별곡」『선인들과 함께하는 금강산기행』인

화（鄭徹著・チョンウヨン編「関東別曲」『先人と一緒にする金剛山紀行』インファ）

전동환（1998）『금강산 관광사업 및 강원도 관광개발전략』경영과학연구 제 22집 205호（チョンドンファン『金剛山観光事業び江原道観光開発戦略』経営科学研究、第22集、205号）

전영재（2002）『한국 DMZ 의 비밀 - 비무장지대 50년을 간다 -』수문 출판사（チョンヨンゼ『韓国ＤＭＺの秘密 ― 非武装地帯50年を行く―』スムン出版社）

진종구（2002）『땅허리 155마일 따라가 보기』구미서관（ジンジョング『ＤＭＺ 155マイルを行く』クミソクァン）

제성호（1997）『한반도 비무장지대론』서울프레스（ゼソンホ『韓半島非武装地帯論』ソウルプレス）

최남선저・황영주역（2000）『금강예찬』동명사（崔南善著、ファンヨンジュ訳『金剛礼賛』東明社）

최석영（1997）『일제의 동화이데올로기창출』서경문화사（崔錫榮『日帝の同和イデオロギー創出』書景文化社）

최석영（2001）『한국근대의 박람회・박물관』서경문화사（崔錫榮『韓国近代の博覧会・博物館』書景文化社）

최석영（2003）「일본식민지 상황하의 부여고적에 대한해석과 '관광명소화'」『비교 문화연구』제9집1호서울대학 비교문화 연구소（崔錫榮「日本植民地状況での扶餘古跡に対する再解釈と '観光名所化'」『比較文化研究』、第9集、1号ソウル大学比較文化研究所）

통일부（1995）『통일백서』（統一部『統一白書』）
통일부（1997）『북한외국인 관련법규집』（統一部『北朝鮮外国人関連法規集』）
통일부（1999）『북한개요』（統一部『北朝鮮概要』）
통일부（2001）『2002 통일교육지침서』（統一部 『2002 統一教育指針書』）
통일부（2002）『사회통일평가 및 발전방향 모색』（統一部『社会統一教育評価及び発展方向模索』）
통일부（2003）『통일백서』（統一部『統一白書』）
한국관광공사（2002）『북한의 관광산업 및 관광특구 확대 가능성』（韓国観光公社『北朝鮮の観光産業及び観光特区拡大可能性』）
한국관광협회（1984）『한국관광 발전사』（韓国観光協会『韓国観光発展史』）
함광복（1995）『DMZ 는 국경이 아니다』문학동네（ハムクァンボク『DMZは国境ではない』文学ドンネ）
함광복（1999）김인영・김재한편『DMZ 발전적 이용과해체』소화（ハムクァ

ンボク、キムインヨン・キムゼハン編『DMZ 発展的利用と解体』小花)

英文文献

Checkland Olive (1996) *Isabella Bird And A Woman's right to do what she can do well*: Scottish Cultural Press.

Grinker Richiard Roy (1995) *The "Real Enemy" of the Nation:Exhiviting North Korea at the Demilitarized Zone*, Museum Anthropology 19 (2):31-40, American Anthropological Association.

Gravurn, Nelson (1983) *The Anthropology of Tourism, annals of Tourism Research*, New York:Pergamon,pp.9-33.

Isabella, Lucy Bird Bishop (1986) *A narrative of travel, with an account of the recent vicissitudes and present position of the country*: Korea & her neighbors, Rutland,Vermont & Tokyo,Japan.

Isabella, Lucy Bird Bishop (2000) *Unbeaten tracks in Japan*: Traveler's Tales.

MacCannell, Dean (1976) *Staged Authenticity: The Tourist*, pp.p1-107.

Moon, Okpyo (1998) *Tourism and Cultural Development:Japaness and Korean Contexts*. Shinji Yamashita, Kadir H. Bin and J.S.Eades des. pp.178-193.

Smith, V. L. (1977) *Hosts and Guests: The Anthropology of Tourism*, Phiadelphia: University of Pennsylvania Press.

参考資料

日本語資料

石川周行（1906）『満韓巡遊団』東京朝日新聞社
今川宇一郎（1914）『朝鮮金剛山大観』大陸踏査会編集部
ウェイン・A・カークブライト（2002）『板門店―韓国民族分断の現場―』ハンリム出版社
岡本曉翠（1932）『京城と金剛山』京城眞美会
大熊瀧三郎（1934）『金剛山探勝案内記』谷岡商店印刷部
外国出版社（1981）『金剛山』平壌
菊池幽芳（1918）『朝鮮金剛山探勝記』洛陽堂
神戸高等商業学校（1906）『韓国旅行報告書』
金剛山電気鉄道株式会社編（1939）『金剛山電気鉄道株式会社廿年史』金剛山鉄道株式会社
金剛山協会（1940）『金剛山』金剛山協会
下野新聞社（1910）『満韓観光団誌』下野新聞主催栃木県実業家満韓観光団
徐光前（1914）『朝鮮名勝実記』京城大東社
統監府鉄道管理局（1908）『韓国鉄道線路案内』日韓印刷株式会社
朝鮮総督府鉄道局（1917）『金剛山探勝案内』朝鮮総督府鉄道局
朝鮮総督府鉄道局（1925）『大正十三年度統計年報』大和商会印刷所
朝鮮総督府鉄道局（1940）『朝鮮鉄道史四〇年略史』朝鮮印刷株式会社
朝鮮総督府鉄道局（1915）『朝鮮鉄道史』日韓印刷株式会社
朝鮮総督府鉄道局（1915）『朝鮮鉄道案内―附金剛山遊覧の栞』博文館印刷所
朝鮮総督府鉄道局（1914）『京元線鉄道案内―附金剛山遊覧の栞―』
朝鮮総督府鉄道局（1912）『朝鮮鉄道線路案内』日韓印刷株式会社
朝鮮総督府地質調査所（1928）「金剛山楡帖寺温泉調査報文」『朝鮮地質調査要報』朝鮮印刷株式会社
朝鮮総督府（1920-1944）『朝鮮』朝鮮総督府
朝鮮総督府（1910-1944）『官報』朝鮮総督府
朝鮮観光案内編集部（1992）『朝鮮観光案内』朝鮮新報社出版事業部
朝鮮宣伝通報社（発行年度不明）『観光案内金剛山』平壌
松浦翠香（1934）『金剛山探勝案内記』金剛山探勝案内社
南満州株鉄道株式会社（1921）『朝鮮鉄道旅行案内―附金剛山探勝案内』南満州

参考資料

鉄道株式会社 京城管理局
南満州株鉄道株式会社（1918）『朝鮮鉄道旅行案内附金剛山探勝案内』南満州鉄道株式会社京城管理局
内閣総理大臣官房審議室（1980）『観光行政百年と観光審議会三十年の歩み』内閣府
日経ナショナルジオグラフィック社『ナショナルジオグラフィック日本版』、2003年7月号、第9巻、第7号、通巻100号
北條時敬（1907）「満韓修学旅行記念録」『明治幕末中国見聞録集成』広島高等師範学校
藤山雷太（1930）『鮮支遊記』千倉書房

韓国語資料

김용갑（1998）『금강산백서』（キムヨンカプ『金剛山観光白』）
김준수・이동훈（1995）『고등학교 음악』세광출판사（キムジュンス・イドンフン『高等学校音楽Ⅰ』世光出版社）
교육인적자원부（2002）『초등학교음악』대한교과서주식회사（教育人的資源部[74]『初等学校音楽6』大韓教科書株式会社）
교육인적자원부（2002）고등학교국어주식회사두산（教育人的資源部『高等学校国語（下）』株式会社ドゥサン）
국가관광총국（1997）『조선관광』평양（国家観光総局『朝鮮観光』平壌）
평양출판사（1998）『관광안내 천하절승 금강산』평양인쇄공장、평양（平壌出版社『観光案内天下絶勝金剛山』平壌印刷工場、平壌）
외국문화출판사（1981）『금강산』평양（外国文出版社『金剛山』平壌
한국학데이타베이스연구소（1997）『조선왕조실록』서울시스템（韓国学データベース研究所『朝鮮王朝実録』ソウルシステム）
한국학데이타베이스연구소（1997）『고려사』서울시스템（韓国学データベーㅅ연구소『高麗史』ソウルシステム）
한국학데이타베이스연구소（1997）『삼국사기』서울시스템（韓国学データベース研究所『三国史記』ソウルシステム）
현석（2001）『알기쉬운우리말 화엄경 독송』우리출판사（ヒョンソク『分かり安いハングル華嚴経』）
금강산 사업단（2002）『금강산관광 실태조사 2002』현대아산（金剛山事業団『金剛山観光実態調査2002』現代峨山）

---

[74] 日本の文部科学省にあたる。

引用新聞

『江原道民日報』2003年8月31日付
『国防新聞』2002年4月5日付
『文化日報』2003年2月23日付、2003年2月27日付、2003年6月5日付
『東亜日報』2003年2月2日付、2003年2月3日付、2003年8月31日付
『ソウル連合ニュース』2003年12月15日付、2003年2月22日付
『朝鮮日報』1995年12月30日付
『朝鮮新報』1998年9月25日付
『中央日報』2003年2月21付
『パイナル新聞』2003年11月17日付

参考ホームページ

カンルン市公園管理事業所：http://www.gangneung.gangwon.kr
京畿道観光公社：http://www.kto.or.kr/korean/event/dmz/godmz
国家観光総局：http://www.dprknta.com
鉄原郡庁：http://www.korea-dmz.com
板門店トラベル社：http://www.koreadmztour.com
パジュ市：http://www.paju.kyoonggi.kr
韓国放送公社：http://www.kbs.co.kr
韓国統一部：http://www.unikorea.go.kr

あとがき

　最近、北朝鮮をめぐる情勢はめまぐるしく変化している。本書の初校が届いた2018年4月27日には、韓国の文在寅大統領と北朝鮮の金正恩朝鮮労働党委員長の第3回南北首脳会談が板門店の韓国側施設「平和の家」で開催された。その後、6月12日には、アメリカのドナルド・トランプ大統領と北朝鮮の金正恩朝鮮労働党委員長の米朝首脳会談がシンガポールで行われた。こうした平和への期待ムードの中でも北朝鮮によるミサイル、核開発問題による緊張関係は今なお続いている。北朝鮮が核・ミサイル開発を続けているとの報告書が国連安保理に提出されている。朝鮮半島の緊張関係、北朝鮮に対する脅威は韓国だけではなく、日本や米国、ひいては全世界にも大きな影響を与えている。

　本書は、文化人類学及び観光人類学の手法を用いて、民族の分断という朝鮮半島が持つ特殊な関係性を有する地域において存在する観光現象について研究を行った。高麗時代から李氏朝鮮王朝、日本植民地時期に至るまでの金剛山観光の歴史的な背景を考察した上で、北朝鮮及び南北境界線を訪れる韓国人観光客、韓国人観光客を受け入れる北朝鮮、観光客を送り出す韓国政府の思惑について分析した。その結果、景勝地としての金剛山の歴史的な評価は高麗時代から朝鮮王朝に至って蓄積されており、この金剛山のイメージが日本植民地時代に朝鮮総督府の金剛山観光開発政策を生み出し、分断後の南北朝鮮における最初の観光開放地として選定される一つの要因になった。また、金剛山を訪れる韓国人観光客にとってはこの歴史的に形成された観光地としての金剛山のイメージに加えて、北朝鮮の地に対しては特殊的な場所というイメージ、すなわち、かつては同じ国であった、また同じ民族が暮らす地でもあり、さらに共産主義、独裁国家への興味、恐怖といったイメージを併せて持っていた。しかし、筆者が行った調査では歴史的に形成された景勝地としてのイメージより、現状の分断国家というイメージの方が前面化していた。それは、名山としての金剛山のイ

メージに対する期待感が実物を見てからの失望感に変わったことからくるものと、北朝鮮に足を踏み入れたことに対する感動と衝撃がより強いことが原因の一つであった。

韓国政府は、金剛山観光やDMZ観光を通して、安保と統一を併用した政策を取っているが、統一よりは安保を重視する側面が強い。一方、金剛山やDMZを訪れる韓国人観光客は観光後、北朝鮮に対して安保的恐怖心よりは、同じ民族であることを強く再認識するようになり、統一の達成を念願するようになるなど、本書では韓国政府の意図と韓国人観光客の間には意識のズレが見られたことを明らかにした。

金剛山観光が韓国人に開放された1998年から現在に至るまで南北朝鮮関係では様々な出来事があった。2000年の金大中大統領と金正日国防委員長との第1回南北首脳会談に続き、2007年には盧武鉉大統領と金正日国防委員長との第2回南北首脳会談が行われ、北朝鮮領土に位置する開城観光が実施されるなど、南北関係においては核問題やミサイル発射事件がありながらも和解ムードが続いていた。しかし、2008年7月に起きた金剛山での北朝鮮兵士による韓国人観光客の銃撃死亡事件以後は金剛山観光と開城観光は中断され、現在に至っている。南北関係は常に和解と対立が繰り返され、現在もなお南北和解の象徴でもあった金剛山観光および開城観光は再開の目途が立たないままになっている。

民族の分断という朝鮮半島が持つ特殊な関係性を有する地域において存在する観光現象について研究を行った成果を刊行する本書は、南北朝鮮の置かれている緊張性と韓国政権の変遷で変わりうる統一への政策を文化人類学及び観光人類学の視点から考察したものである。観光研究は、観光客を受け入れる側を視野に入れた研究が主であり、観光客を送り出す側の視点からの研究はあまりなされていない。民族の分断という朝鮮半島が持つ特殊な関係性を有する地域において存在する観光現象を、観光客を「送り出す側」（韓国政府と韓国企業）と、見えるようで見えない「観光客を受け入れる側」（北朝鮮政府と人民）の特殊性をも視野に入れた研究を行った。

本書では、金剛山観光および非武装地帯観光におけるあらゆる場面にお

あとがき

いて国家権力の影を探り当ててきた。その上、分断国家としての南北朝鮮の特徴である「統一」と「安保」政策が殆どの観光政策において両立していることを観光を通して探ろうとした。確かに、国家権力との関係性は、単に観光現象に表れる「統一」と「安保」に限られる問題ではなく、韓国のあらゆる政治的・社会的側面において常に存在するものであると言える。また、民族分断状況の中で実施されている諸観光現象を通して、現在、韓国が抱えている政治的・社会的状況をよりはっきり見出すことができた。金剛山観光の特徴の中で見られた安保と統一の両面が併用された観光政策では、政府と観光客との間に意識のズレが見られた。韓国政府の意図で行われている安保と統一を併用した観光政策は、統一よりは安保の側面を大きく持つ観光政策であった。しかしながら、韓国政府の思惑に反して、観光を体験した韓国国民は観光後は同民族認識の再確認と統一達成への念願意識が観光前より強くなっている。このズレが新たな変化を生み出す可能性がある。この動きが、観光活動の変化と北朝鮮の変化を生み出し、南北関係の変化につながる可能性と将来性がみえる。観光を通して、南北関係の変化の可能性を見出したことに本書の意義をおきたい。

本書の印刷の直前、2018年9月18日から20日まで韓国の文在寅大統領と北朝鮮の金正恩朝鮮労働党委員長の第5回南北首脳会談が平壌で行われた。この会談で発表された「9月平壌共同宣言合意書」には軍事的平和に向けた合意に加え、金剛山の観光正常化も言及されたことで金剛山観光の再開の兆しが見えてきた。

再開される金剛山観光は、本書で書いた観光形態とは異なる姿を見せてくれることになると思われる。民族分断状況が継続される中で、政治、国際、社会情勢の変化により観光がどのように変化していくかについて今後も注目していきたい。

最後に、筆者の広島大学大学院博士課程の指導教官であった広島大学名誉教授・東亜大学教授崔吉城先生には、様々な面で手厚い指導をいただき、感謝の念に堪えません。また、崔先生の奥様には心身ともに支えてい

ただきました。深く感謝申し上げます。

　来日してから日本語学校、関西学院大学、広島大学大学院の学生時代、現在の勤務校である兵庫大学まで多くの方に支えられて、現在に至りました。この場を借りて心より御礼申し上げます。

　出版にあたりまして、出版を引き受けてくださった溪水社木村逸司代表及び編集担当の木村斉子氏に感謝致します。

　2018年9月25日

　　　　　　　　　　　　　　　　　　　　　　　　　　　李　良姫

索　引

【あ】
アメリカ軍　161
有山　62
アリラン祝祭　83
安全保障　148
安泰輕便鉄道　67
安軸　15
案内者　38
案内書　29
安保　4,152,174,191
安保意識　152,154,164,171
安保観　156
安保環境　152
安保観光　11,172
安保観光政策　148
安保観光地　148,155
安保観光ツアー　154,165
安保脅威　188
安保教育　152
安保教育館　154
安保ツアー　159,160
安保的恐怖心　174
礼曹（いえじょ）判書　25
李光洙　54
伊崎良熙　67
イザベラ・バード・ビショップ　10,27
異質感　135,146
李承晩　191
伊勢皇太神宮　69
一万二千峰　14,17
一進会　68
イデオロギー　5
李姫鎬　9
異文化圏　27

臨津閣（いむじんがく）　156
イメージ　32
慰霊碑　154
李完用　29
インタビュー　11
仁川（いんちょん）　62
元山（うぉんさん）　31,55
内金剛　58,81
内金剛山　31
内金剛山駅　55
内金剛山観光　9
海金剛　20,53,58,81
海金剛コース　108
映画　162
絵葉書　37
遠足会　65
大岡力　68
大阪毎日新聞　48
オールインクルーシブ　115
岡本暁翠　47
温泉治療　16
温井里　59
温井里ホテル（おんちょんり）　43,44
オンドル　30,44
諺文　24

【か】
外貨獲得　76,79,87,88,186
海軍工廠　61
外交関係　17
外国人観光客　4
外国人観光客誘致　82
皆骨山　14
外来観光客誘致　187

213

傀儡政権　88
海路　31
海路観光　142
科拳　25
核開発　6
核問題　89
駕籠　19,26
亀屋商店　59
川崎造船所　61
江原道　102,131,167
環境観光　175
環境監視員　109,113
観光インフラ　3
観光映画　38
観光開発　6,13,34
観光開放　80
観光開放政策　76
観光開放地　4,13,87
観光活動　6
観光記念品店　109,113
観光形態　7,13,130
観光研究　7
観光現象　7
観光事業　6
観光資源　39
観光実態　10
観光証　131,134
観光商品　128,148
観光人類学　7,174
観光政策　8
観光宣伝　38
観光宣伝社　82
観光ツアー　11
観光動機　11,173
観光類型　11,128,174
韓国観光公社　79,90,130
韓国軍兵士　162

韓国国防部　152
韓国人観光客　3
韓国政府　4
韓国戦争記念館　195
韓国総督府　68
韓国鉄道管理局　35
韓国統一部　107
韓国南方限界線　133
韓国併合　34,39,60,61,68
間島　56
関東地方　22
関東別曲　24
関東瓦注　15,20
姜東鎮　73
官吏　19,20,22,26
妓生　25,70
奇岩絶壁　33,53
菊池幽芳　14,48
擬行軍　65
紀行文　13
紀行文学　32
記者団　144
犠牲者慰霊塔　170
貴族　19
北川　69
北朝鮮　110
北朝鮮監視員　109
北朝鮮軍　134
北朝鮮潜水艦侵入事件　170
北朝鮮亡命者　168
北朝鮮領土　3
金日成　78,79,83,85,86
金日成銅像　77
金正日　9,78,79,86,98,138
金大中　9
金大中政権　89,92
金大中政府　97

214

金東玉　69
金化郡　31
金化昌道　31
金泳三　5
キャンベル　28
休戦ライン　129,143
休戦ライン鉄柵歩き　152
旧宗主国　185
キューバ　7,76
境界線　171
境界地　4
共産主義　5
共通性　146
共同警備区域　162
京義線　36
京元線　36,43,48,55,143,157
京畿道観光公社　156
慶州　38,53
京城　53,62,70,71
キリスト教　27
記録誌　10
近代ツーリズム　34,73
近代文化遺産　191
緊張緩和　188
緊張状態　155
クムスサン記念宮殿　78
金化　35
供養　23
グリーンツーリズム　158
九龍淵コース　108
軍事境界線　105,129,144,147
軍事地域　143
軍事的　17
軍事独裁政権　122,186
軍事保護地域　166
郡守　19
軍部隊　156

訓民正音　24
軍民一致　135
芸術団　144
敬順王　60
景勝地　10
『京城と金剛山』　47
京城日報　68
京釜線　34,36
京釜鉄道　34
華厳経　21
華嚴宗　14
ゲスト　7,177
ゲストとホストの力関係　181
ゲストの行動　182
開城　18
開城観光　9
憲兵派遣所　46
権力者　25
皇威　62
工業団地　147
金剛山電気鉄道　36,55
皇国精神の顕揚　69
工作員　6,104
工作船　170
鉱産資源　39
交通手段　34,38
高麗　60
高麗国　57
高麗史　15
高麗時代　3
故郷訪問団　144
国際観光　38
国情院　161
『国防白書』　152,191
国民意識調査　119
国民統合　5
国連　161

215

国連軍司令部　149
高山駅　55
高城　16,31
高城郡　22
高城統一展望台　131
国会政策　6
国家観光総局　82
国家権力　6,196
国家統治　5
国家保安法　144
国家保安法　162
行軍　65
『金剛山』　80
金剛山温泉　115
金剛山観光ガイド　81,117
金剛山観光開放　73
金剛山協会　47
金剛山コンドミニアム　131
『金剛山探勝案内』　59
金剛山電気鉄道　35
金剛山電気鉄道株式会社　39,42,47,84
金剛山文化会館　112
金剛山ホテル　49
『金剛山遊記』　54
金剛山陸路道路　132
金剛通門　132
『金剛礼賛』　57
金剛録　26
高城展望台　150

【さ】
祭祀　25
斎藤総督　29
斎藤実　71
斎藤実首相　69
在日朝鮮人　79,81,82
三日浦　126

三日浦コース　108
3・1独立宣言文　57
三角戦跡地　156
『三国志記』　14
38度線　105,138,141,143
三蔵経　14
CIQ憲兵事務所　131
詩歌時代　50
JSA　162
ジェイエス・エンタープライズ　83
指揮統制権　161
使者　17
使者送迎　25
自主統一　157
市場価値　185
自爆精神　135
師範学校　65
下岡政務総監　29
下野新聞社　62
社会主義国　76
社会主義国家　76
長安寺（じゃんあんさ）ホテル」　43,44,50
修学旅行　65
銃撃戦　162,170
従者　23
自由の橋　163
儒学者　22,23,31
宿泊施設　22,38
出境　132
出国　132
酒店　30
首脳会談　5
巡幸　17
昌圖　67
少数民族観光　175
上流社会　20,32,33
植民地支配　13

索　引

植民地政府　10
植民地統治　61
諸菩薩住処品　14
庶民　20
所要時間　26
地雷　157
地雷　166
新羅　15,60
白幡　65
神渓寺　38
人権侵害　142
新金剛　58,81
『新増東国輿地勝覧』　15,17
新帝国議事堂　69
親日派　54,57
神秘性　17
身辺安全保証書　100
水晶館　70
スパイ　170
生活者　20
政治家　25
政治的戦略　186
政治的脈絡　3
西鮮　54
生徒之遠足　65
世界観光機構（WTO）　82
世界情勢　5
世界赤化戦略路線　88
世祖王　16
世祖東巡録　17
世宗王　24
接触の主導権　182
接待　20
説話　32
宣教活動　27
宣教師　27
宣教事業　27

宣教団　27
先建設・後統一　5
先交流・後統一　5
『鮮支遊記』　53
鮮人部落　52
潜水艦の座礁　171
戦跡地　148,149,167
戦跡地観光地開発　168
戦跡碑　154
戦跡めぐり　66
戦争記念館　156,164
宣伝映画　38
鮮満案内所　38
送金疑惑　188
双方敵対関係　3
僧侶　31
束草港　101,103
祖国訪問　78
外金剛山　31
外金剛　44,58,81
雪岳山　101
雪峰号　103,111
ソ連　88
成宗王（そんじょんおう）　17
孫大鉉　149
松都（そんど）　18

【た】

退役海軍戦艦　170
大学生DMZ体験ツアー　156
大韓協会員　68
対北朝鮮政策　105
対北朝鮮宥和政策　187
対共相談所　161
大衆化　32
体制維持　186
体制宣伝　79

217

体制の維持　78
対南放送　133
第2次世界大戦　3
第2トンネル　154
『大方廣佛華嚴経』　14
対北政策　104
太陽政策　89
第4地下トンネル　154
大連　62,67
台湾植民地鉄道　41
竹内宿禰　52
脱北者　168
脱北者問題　170
脱北同胞　168
探勝案内書　16
探勝記　14
探勝路　38
断髪嶺　26,31
崔吉城（ちぇきるそん）　155
崔錫榮（ちぇそくよん）　70
崔南善（ちぇなむそん）　57
地下トンネル　154
地下トンネル観光　190
地下トンネル体験ツアー　4
力関係の逆転　182
チゲ　52
地方官吏　25
地方自治体　4
長箭　55
長箭港　103,111
中央集権体制　25
中外旅行社　82
駐韓アメリカ軍　161
主敵（ちゅじょく）　118
主体（チュチェ）思想　79
酒幕（ちゅまく）　30
中立国監視団　161

長安寺　16
『朝鮮』　68
『朝鮮王朝実録』　16
『朝鮮奥地紀行』　28
朝鮮ガイドブック　36
朝鮮館　70
『朝鮮観光』　77
朝鮮後期　26
朝鮮国際旅行社　82
朝鮮金剛山協会　73
朝鮮金剛山探勝記　48
朝鮮時代　26
朝鮮社会　26
朝鮮神宮　38
『朝鮮新報』　79
朝鮮戦争　3,85,97,98,120,122,147,164
朝鮮戦争停戦協定　147
朝鮮総督府　10,38,39,41,42,72,75,83
朝鮮総督府鉄道局　34,85
朝鮮総連　104
朝鮮族　113
朝鮮中期　26
『朝鮮通信』　87
『朝鮮とその近隣諸国』　49
朝鮮日報　59
朝鮮博覧会　70,71
朝鮮ホテル　38
朝鮮民族　4
朝鮮旅行　27,34
朝鮮驢馬　29
草梁（ちょりゃん）駅　34
鉄原（ちょるうぉん）　31,35,55
鉄原郡　167
鉄原労働党舎　190
珍島　52
通行検査所　135
ツーリズム　60

索　引

対馬　17
DMZ　147,196
DMZ観光　149
DMZ観光ツアー　165
DMZ周辺観光　170
帝国主義的　70
停戦　143
停戦協定　147
出入農業　150
大宇重工業　103
敵対　4
敵対関係　129
大光里駅　56
鉄道案内　34
鉄道案内所　34
鉄道院　35
鉄道開通　39
鉄道線路案内　36
鉄道連結　147
鉄道管理局　34
鐵嶺　67
寺内正毅　42
伝道活動　27
統一　4,146,157,191,196
統一意識　156
統一学校　171
統一キャンプ　171
統一教　94
統一教育　135
統一教育院　116
『統一教育基本指針書』　156
統一公園　170
統一資料室運営　171
統一政策　5,6,171
統一長官　99,100
統一展望台　4
『統一白書』　191

統一部　103,104
統一村　150,167
東海北部線　35,36
東海遊記　58
道学者　21
統監府鉄道管理局　34
統監府鉄道庁　35
東京勧業博　70
東京平和記念博覧会　70
『東京茗渓会雑誌』　65
東西冷戦　5
東西冷戦関係　88
湯治　17
同質感　135
同質性　146
同民族　192
東遊記　15,18
東洋活動写真館　71
独裁　7
独裁軍事政権　76
独立記念館　164
トマス・クック　34
都羅駅　166
都羅展望台　150
トリヤーク号　63
トレッキング観光　176
東来温泉　51

【な】
内鮮融和　69,70,71
内地　38
内地観光団　68
内地視察団　68
内地人　44,71
梨本宮家　69
懐かしい金剛山　192
南韓　119

219

南男北女　109
南輿　29
南山戦況講和筆記　67
南侵用地下トンネル　150
南大門駅　34
南方限界線　149
南方限界線　154
南北会談　5
南北関係　152
南北軍事実務会談　132
南北交流協力　99
南北首脳会談　9,91,92,188
南北赤十字　5
南北対談代表　144
南北朝鮮関係　155
日露戦争　61,66,67
日清　61
日清戦争　53,62
日帝　72,184
日帝時代　183
日帝侵略者　183
日本植民地　3,8,34,110
日本植民地時代　97
日本帝国主義　83
入境　132
入居農業　150
入国　132
廬武鉉（のむひょん）　9

【は】
朴正熙　122,191
坡州　165
8・15統一大祝典　144
漢江（はんがん）　31
反北朝鮮教育　124
反共　122
反共意識　191

反共教育　104,122
反共思想　122,192
反共主義　152
反日　122,192
萬物草　58
萬物相　58
萬物相コース　108
パンフレット　37
板門店トラベル社　165
板門店　144,161,162
板門店観光　161
板門店ツアー　100
東海岸　18
非日常性　173
非武装地帯　4,6,133,147
費用　38
表訓寺　16
平安南道観察使　63
現代（ひょんで）　113
現代峨山（ひょんであさん）
　　90,99,104,106,116,130
現代グループ　11,75,81,89,94,97,180,182,
　　186
現代商船　99
現代農場　115
平壌　10,62,63
ブーアスティン　7
ブータン　7,76
笛奏者　25
釜山　62,69
藤山　53
撫順　67
布施　16,23
武装スパイ　171
武装潜水艦　170
北韓　119
仏教説話　23

索　引

北傀　162
北傀軍　162
赴任地　25
武力北進統一　5
文化遺産観光　190
文化観光　175
楓嶽山　15
文学的　32
分断　163,183
分断国家　4,82,104,174
分断状況　11,143,157
文民政権　155
米韓軍事訓練問題　89
閉鎖　7
平和統一構想宣言　88
船口尾（ぺくみ）　31
ベトナム戦争参戦記念塔　170
ヘマル村　150
望郷　163
北條時敬　66
奉天　27,62,67
訪北教育　104,116,131
亡命　108
亡命事件　144
訪問証明書　99
包容政策　9,89,97,187
蓬莱山　15
北訪教育　103
戸曹（ほじょ）判書　25
ホスト　7,31,177,185
ホストとゲストの理論　182

【ま】
麻衣太子（まいてざ）　60
マス・ツーリズム　77
又一小部隊　67
末輝里　35,43

『満韓観光団誌』　62
『満韓修学旅行記念録』　66
満韓視察団　61,63
満韓巡遊船　61,62
満州　35
満州国　185
マンスデ大記念碑　77
満鮮案内所　43
萬相亭　59
望拝壇（まんべだん）　163
萬物相（まんむるさん）　58
水野錬太郎　64
未知の世界　8
南満州鉄道株式会社　42
ミャンマー　7,76
妙香山　10
民間人統制区域　149
民間人統制線　161
民族愛　135
民族共同体　88
民族戦争　145
民族統一協議会　136
民族同胞愛　88
民族の統一　122
民族の負の遺産　191
ムクゲ　166
文一平（むんいるぴょん）　58
文鮮明（むんそんみょん）　94
名医許浚墓　150
明治神宮　69
名勝地　28
モランボン教芸団　112
森山　54

【や】
役人　30
柳原吉兵衛　69

耶馬渓　49
楊口群　167
ヤンバン　30
遊覧客　19
遊覧地　10
遊覧動機　18
宥和政策　188
抑圧　23
抑仏崇儒　24
吉見俊哉　70
萬朝報　71

【ら】
拉致問題　169,170
ラングーン事件　163
李王家　69
李王家御慶事記念會　69
陸路観光　142
離散家族　88,90,120
離散家族面会所　93
李氏朝鮮　3
梁春香　77
遼陽　62,67
旅行者　20
旅行情報　38
旅行費用　6
旅順　67
臨時南北出入管理連絡事務所　131
歴史観光　175
レクリェーション観光　175
労働党舎　167,190

【わ】
和解　4,5
和解ムード　152,155
若松製鉄所　61
若山牧水　50
倭政時代　184

【著者】

李良姫（い　やんひ）

兵庫大学現代ビジネス学部　教授
関西学院大学社会学部卒業
広島大学大学院国際協力研究科博士後期課程修了　博士（学術）

主な著書・論文
『交渉する東アジア　近代から現代まで―崔吉城先生古稀記念論文集』（共著）上田崇仁ほか編，風響社 2010 年
「人口減少と高齢化による観光への影響―国および地域の取るべき政策」『日本地域政策研究』（単著）2016 年
「大学における効果的な観光教育の実践と課題―地域イベント参加を中心に―」『兵庫大学論集』（単著）2017 年

民族分断と観光
金剛山観光から見る韓国と北朝鮮関係

平成 30 年 10 月 15 日　発行

著　者　李良姫
発行所　株式会社　溪水社
　　　　広島市中区小町 1-4（〒 730-0041）
　　　　電話 082-246-7909　FAX082-246-7876
　　　　e-mail: info@keisui.co.jp
　　　　URL: www.keisui.co.jp
印刷・製本　モリモト印刷

ISBN978-4-86327-449-5 C3036